THE TRUTH OF TH

KB009919

Q 스펙과 학별이 없어도 1년 내로 무조건 취업할 수 있는 방법이 있다? ♥	**Q** 소자본 아니, 무자본으로도 창업을 할 수 있다? ♣	**Q** 좋아하는 일을 찾으며 돈도 벌 수 있다? ♦
Q 통장잔고 0원의 백수도 억대 연봉을 받을 수 있다? ♣	**Q** 내가 좋아하는 일로 평생 먹고살 수 있다? ♥	

• • • • • • • 이 중에 과연
• • • • • • • • 몇 개가 진짜일까 **?**

이제 더는
의심하지 말 것!

이 모든 것이
진짜다!

꿈을 꾸라고?
좋아하는 일을 찾으라고?
그건 어떻게 찾는 거지?
그럼 그걸로 먹고살 수는
있는 거야?

성공하려면 노력하라고?
대체 뭐부터 노력해야 하는 거야?
얼마나 노력해야 하는 건데!

실체 없는 성공을 꿈꾸라 하고,
현실적인 대안 없이 위로만 하는
공수표 같은 이야기는 이제 그만,

꿈사냥꾼이 알려주는 '제대로 된'
대한민국표 성공의 인과법칙을 배워라!

이 책을 읽는 당신도 할 수 있다!

CONTENTS

Chapter 3
또 다른 길을 걷는 사람의 6가지 무기

Chapter 4
통장잔고 0원에서 억대 연봉자 되기

CHALLENGE
CHALLENGE
CHALLENGE
CHALLENGE

1

chapter

당신이 또 다른 길을
걸어야 하는 5가지 이유

1

실패한 루저가
꿈을 선택할 수 있었던 이유

오랫동안 걸어온 길을 포기하고
두려움을 맞이하다

초등학교부터 고등학교를 다닐 때까지 가장 많이 접했던 직업은 교사였어요. TV를 통해 접하는 몇몇 직업 외에는 부모님이 슈퍼마켓을 운영하시는 모습과 학교에서 선생님들이 일하시는 것을 보면서 자랐고, 그 외의 직업은 어떻게 찾아봐야 하는지 배운 적도 없는데다 잘 알지도 못했죠. 다양한 진로에 대해 알아보고 선택할 수 있는 경험을 쌓기도 어려웠습니다.

그래서인지 저는 중학교 때부터 초등학교 교사가 되고 싶었어요. 평소 가장 많이 접하기도 했고 사랑으로 학생들을 가르치는 선생님들을 보면서 교사라는 직업에 매력을 느꼈기 때문이죠. 그렇게 교사의 꿈을 키워오면서 재수로 교육대학교에 입학했는데, 4학년 여름방학이 되어서야 진짜 내 꿈이 무엇인지 알아보고 싶다는 생각을 하기 시작했어요.

당신의 꿈은 무엇인가?
그 꿈을 위해 어떤 노력을 하고 있는가?

나는 왜 이런 생각을 했을까?

학교 밖 세상의 다양한 직업을 경험해 보지 못했다

어떻게 하면 원하는 일을 찾을 수 있을까?
아니, 그보다 내가 원하는 일은 뭐지?
한전 직원? 삼성 사원? 7급 공무원? 학교 선생님?
왠지 모르지만, 다 아닌 것 같은데….

내 한계를 정확히 모른다

학교 선생님이 되고 싶어서 재수까지 했지만, 사실 잘 모르겠어.
정말 나는 학교 선생님이 되고 싶은 걸까?
사회적으로 인정도 받고 안정적인 건 맞지. 그런데… 조금 답답해.
좀 더 넓은 곳에서 다양한 일을 하고 돈도 많이 벌면서 살 수는 없는 걸까?

내가 하고 싶은 교육은 학교가 아닌 사회에 있다

좋은 대학에 들어가고 스펙을 쌓아서 안정적인 직장에 들어가는 것,
그것이 결국 교육의 목표인 걸까?
그래, 학교를 바꿀 수 없다면 학교 밖에서 내가 할 수 있는 일을 찾아보자!

등록금이 아깝지 않아?

하지만…

동기들한테
뒤처지면 어쩌지?

부모님께는
뭐라고 말씀드릴 거야?

교육대학교를 나왔는데,
선생님 말고 뭘 하겠다는 거야?

이대로는 돈 없는
백수가 될 뿐이야….

네 나이를 생각해!

만약 당신이라면?

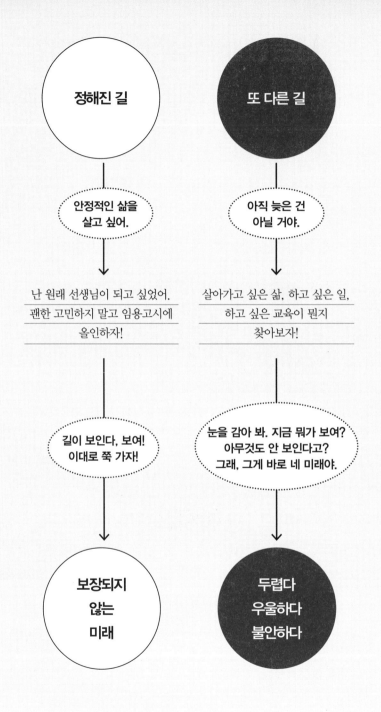

정해진 길

또 다른 길

안정적인 삶을
살고 싶어.

아직 늦은 건
아닐 거야.

난 원래 선생님이 되고 싶었어.
괜한 고민하지 말고 임용고시에
올인하자!

살아가고 싶은 삶, 하고 싶은 일,
하고 싶은 교육이 뭔지
찾아보자!

길이 보인다, 보여!
이대로 쭉 가자!

눈을 감아 봐. 지금 뭐가 보여?
아무것도 안 보인다고?
그래, 그게 바로 네 미래야.

보장되지
않는
미래

두렵다
우울하다
불안하다

또 다른 길을 걸어보겠다고 마음먹고 부모님께 말씀드린 뒤로는, 매일 부모님과 진로 문제로 싸워야 했어요. 하나밖에 없는 자식을 위해서 살아오셨고, 안정적인 교사로 되기를 바라셨는데, 대학교 4학년이 되어서야 갑자기 진로를 바꾼다는 것이 당황스러우셨을 거예요. 부모님은 제가 어릴 적부터 슈퍼마켓 사업을 하셨는데, 중간에 사업이 망해서 경제적으로 여유가 있는 편이 아니었거든요. 그래서 더더욱 안정적인 공무원이 되길 바라셨을 거예요.

**백수
인생루저
잉여**

또 다른 길을 걷는
나를 보는
주변 사람들의 시선

할 일이 없어서 집에 누워 있을 때는 부모님의 한숨소리가 거실에서 들려오곤 했습니다. 한 치 앞도 보이지 않는 깜깜한 어둠 속을 걷는 느낌이었어요. 어느 날은 집으로 들어가는 길에 보니 하늘이 노랗더라고요. 길이 보이기 전까지는 하루하루가 절망이었습니다.

'정해진 길'만을 걷다가 갑자기 '또 다른 길'을 선택한 사람들은 인생을 건 도박을 할 수밖에 없어요. 사회에서 안정적이라고 믿는 정해진 길을 너무 오랫동안 걸어왔기 때문에 그 외에 다른 길을 고민하고 도전하기 힘들게 되는 거죠. 아마 저 말고 다른 사람들에게 이 주제에 대해 물어보아도 비슷한 답을 할 거예요. 대학 졸업 즈음이 돼서야 하고 싶은 일을 다시 알아본다는 건 인생의 패배자가 돼 보겠다는 것과 마찬가지인 말이었거든요. 그야말로 큰 용기가 필요한 일이었습니다.

주의! 약간의 스포가 있음!

지금 당신도 제가 그랬던 것처럼 정해진 길과 또 다른 길, 두 갈래 길을 두고 고민하고 있나요? 제가 꿈이라는 것을 처음 찾기 시작할 때는 주변에 또 다른 길이 있다고 지지해 주는 사람이 없었습니다.

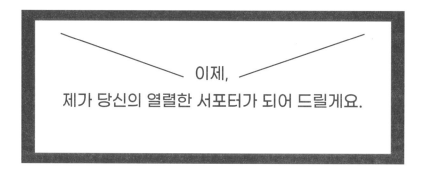

또 다른 길을 선택할
용기가 나지 않는 이유

평생 정해진 길만을 걷다가 또 다른 길이 있다는 것을 알게 되더라도 막상 그 길을 선택할 때는 큰 용기가 필요합니다. 또 다른 길을 알더라도 여러 가지 이유로 그 길을 걸어가 볼 생각을 쉽게 하지 못해요. 그 이유로는 세 가지 정도를 들 수 있어요.

첫째, 정규교육과정에서는 또 다른 길을 걸어가는 방법을 가르치지 않습니다.
어떻게 해야 사회에 나가서도 자신의 적성에 맞는 일을 하면서 살아갈 수 있는지에 대해서 구체적으로 들어본 적이 없다는 거죠. 대신 높은 성적을 받고 좋은 학교에 진학해서 안정적인 공무원시험에 합격하거나 대기업에 취업하는, 그 길만이 맞는 것으로 배워왔어요. 주변 사람이나 친척 중에서 공무원이나 대기업 직원이 있으면 비교가 되고 아무것도 아닌 자신은 뒤처지는 느낌도 들 수 있죠. 그래서 학교에서 한 번도 배워보지 못한 길을 선택하는 것은 쉽지 않습니다.

둘째, 너무 오랫동안 많은 것들을 정해진 길을 위해서 투자했다는 점이 또 다른 길을 선택하지 못하게 하기도 합니다.
2012년에 발표된 '전국 결혼 · 출산 동향 및 출산력 · 가족 보건복지 실태

조사에 따르면 아이 한 명을 대학교 졸업까지 키우는 데 3억 원 정도가 든다고 해요. 사실 모든 가정이 이 3억 원을 부담한다는 것은 쉽지 않은 일입니다. 그런데도 빚을 내서라도 투자하는 것은 그래도 대학은 졸업해야 사회에서 인정받고 안정적인 직업을 가질 수 있지 않을까 하는 부모님들의 염려 때문일 거예요. 아이도 그런 기대에 부응하기 위해 노력할 테고요. 그렇게 부모, 아이 할 것 없이 오랜 시간 동안 노력했는데, 아이가 갑자기 전혀 현실성 없어 보이는 또 다른 길을 선택한다고 하면 그동안의 시간과 노력을 부정하는 상황으로 보일 수밖에 없어요. 정해진 길을 포기하기에는 기회비용이 너무 크다는 겁니다.

셋째, 주변에 걱정하고 반대하는 사람들이 너무 많습니다.
저도 처음 초등 임용고시의 길을 포기했을 때, 주변 동기들의 걱정과 부모님의 반대로 마음이 많이 힘들었어요. 제 행동이 마치 안정적인 길에서 이탈하는 것처럼 보였을 거예요. 처음엔 부모님과 의견이 거의 맞지 않아서 계속 싸울 수밖에 없었죠.

이제는 현실을 보자.
또 다른 길을 걷기 망설이는
당신이 반드시 알아야 할 2가지 사실

1. 또 다른 길은 불안하다.
2. 정해진 길도 불안하다.

정해진 길이라고
모두 안정적인 것은 아니다

취업을 준비하는 대부분의 학생들은 자신이 그동안 시간과 돈을 투자한 만큼 높은 연봉의, 복지가 좋은 회사를 찾곤 합니다. 하지만 이미 우리나라는 저성장 시대에 접어들었고 1980년대처럼 대기업에서 대졸자들을 모셔가지 않습니다. 한 해에 대졸자는 50만 명 정도 되는데, 이 중 10만 명이 안 되는 숫자만이 원하는 공무원이 되거나 대기업, 공기업에 들어갑니다. 요즘에는 대기업도 신입보다 경력직을 선호하는 추세다 보니 실제로는 이보다 더 적은 수의 사람들이 원하는 직장을 갖게 되는 것입니다.

**50만 명의 대졸자,
그들은 어디에 취업할까?**

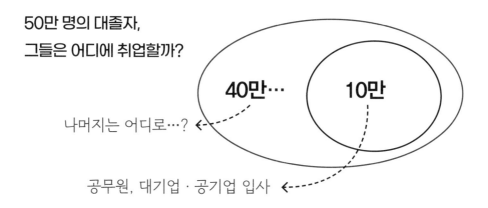

40만…

10만

나머지는 어디로…? ←

공무원, 대기업 · 공기업 입사 ←

학력인플레이션으로 취업시장의 미스매칭이 나오는 이유는 이런 이유 때문이죠. 흔히 말하는 안정적인 직장에 취업하고 싶어서 학자금 대출을 받고, 휴학으로 아르바이트까지 하면서 높은 등록금을 내며 취업에 도전했지만, 내가 원하는 직장보다 원하지 않는 직장들만이 남아 있을 확률이 높아요. 이 상황이 지속될수록 실업률도 같이 올라가고, 불균형적인 취업시장에서 고통받는 청년들이 많아집니다.

2018년 취업포털 잡코리아가 조사한 바에 따르면, 안정적인 직장에 취업했다고 하더라도 40대 후반에서 50대 초반까지가 직장인들이 체감하는 퇴직 연령이라고 합니다. 그 뒤로는 창업을 통해 자영업을 많이 할 텐데, 통계청에서 발표한 자료를 분석해 보면 이 중 70% 이상이 5년 내로 폐업한다는 결론이 나온다고 하니, 과연 우리가 생각한 안정적인 직장이 정말 안정적인지, 의문을 갖게 되었죠.

또 다른 길이
불안정하지만은 않다

뒤에서 더 자세히 설명하겠지만, 좋은 성적과 스펙이 없어도 자신이 좋아하는 일을 찾아서 현실성을 만족시키며 일하는 사람들이 많다는 것을 알게되면서 또 다른 길이 불안정하지만은 않다는 것을 깨닫게 되었습니다. 자본주의 사회에서 자신의 꿈을 지키기 위해 필수적으로 알아야 하는 몇 가지 것을 배우며 꿈을 키워 나간다면 또 다른 길이 우리가 생각한 것보다 위험하다고는 볼 수 없더라고요.

그리고 이미 국내와 해외에서 또 다른 길을 걷고 있는 사람들을 직간접적으로 만나게 되면서 이것이 단순히 허황된 꿈이 아니라는 것을 알게 되었습니다. 나는 왜 이런 이야기를 학교에서 배우지 못했던 것일까 하는 생각이 들기도 했습니다. 그래서 이 책을 통해 저도 스펙과 학벌이 조금 부족하더라도 삶에서 충분히 기회가 있다고 말하고 증명하는 사람 중 한 명이 되고자 합니다.

2

또 다른 길에서

성공한 사람

벼랑 끝에서 처음 만난 사람

처음 또 다른 길을 걷고자 했을 때는 앞이 보이지 않는 깜깜한 밤에 벼랑 끝에 서 있는 것과 같았습니다. 진정한 꿈과 진로를 알아보려고 마음은 먹었지만, 무엇을 어떻게 해야 할지 전혀 감이 잡히지 않았거든요. 통장에는 돈도 얼마 없었고, 하던 사업이 망하는 바람에 부모님이 하루에 4시간씩 주무시면서 밤낮없이 김밥집에서 일할 정도로 가족 모두가 경제적으로 힘든 시간을 보내고 있었어요. 주변에는 저를 진심으로 응원해 주거나 대안을 주는 사람이 아무도 없었어요. 말 그대로 벼랑 끝에서 추락하기 직전이었기 때문에 어떻게든 앞으로 나아갈 방법을 찾아야 했죠. 어둠 속에서 안간힘을 쓰면서 지푸라기라도 잡는 심정으로 팔이라도 휘저어 봐야 했어요.

여러 가지 방법을 찾아보다가 생전 안 읽던 책을 조금씩 읽기 시작했어요. 조금이라도 제가 고민하는 답을 찾을 수 있을까 해서였죠. 그리고 인터넷 사이트를 여기저기 다니면서 다양한 사람들이 올린 글이나 영상을 봤어요. 그러다 허공을 헤매는 제 손을 잡아 주고 '또 다른 길'이 있다고 말해 주는 한 남자를 만나게 되었습니다.

자수성가한 백만장자의 비밀

남자의 이름은 브라이언 트레이시, 그 역시 인생의 벼랑 끝에 서 본 사람으로 시작은 접시닦이나 주유소 아르바이트생이었지만 지금은 다양한 사업을 운영하는 세계적인 비즈니스 컨설턴트입니다.

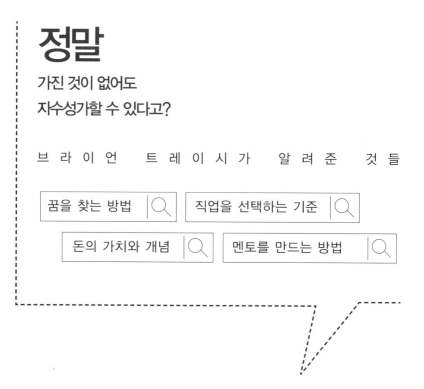

정말
가진 것이 없어도
자수성가할 수 있다고?

브 라 이 언   트 레 이 시 가   알 려 준   것 들

| 꿈을 찾는 방법 🔍 | 직업을 선택하는 기준 🔍 |

| 돈의 가치와 개념 🔍 | 멘토를 만드는 방법 🔍 |

처음에는 반신반의했지만 한편으로는 지구 반대편에서 공무원이나 대기업 직원이 아니어도 스펙과 학벌 없이 자신이 원하는 길을 찾고 풍요로운

삶을 살 수 있다고 이야기해 주는 사람을 만나게 돼서 기뻤어요. 그리고 정말 맨손으로 자신만의 전문성을 쌓아가며 취업이나 창업을 하고 자유롭게 살아가고 있는 사람이 더 있을지 궁금해지기 시작했어요.

결국 모든 것은 인과법칙을 따른다!
성공한 사람들을 따라 하면
나도 성공할 수 있다!

———

확신을 심어준 사람들

궁금증을 해결하기 위해 브라이언 트레이시처럼 여건이 부족해도 맨손으로 시작해서 풍요로운 삶을 살아가는 사람들이 더 있는지 찾아보기 시작했어요. 책을 보기도 하고, 인터넷을 더 찾아보기도 했죠. 책을 쓴 사람이나 각 분야 전문가들의 특강과 세미나를 찾아가기도 했습니다.

온라인마케팅 분야의 전문가인 최재봉 교수는 해운항만청의 온라인티켓팅 시스템을 개발하여 그 기술을 토대로 자동차 시장에 매물공유 및 온라인광고 시스템을 최초로 도입했습니다. 이를 통해 시장 점유율 90%를 선전하고 회사를 설립한 지 3년 만에 증권사에서 회사가치를 100억 원으로 인정받으며 수십 억 원의 투자를 유치한 벤처 1세대죠. 맨손으로 시작하여 점점 경력을 쌓아 다양한 사업체를 운영하는 회장이 된 거예요.

이분은 후배 사업가들을 위해 벤처기업을 운영하며 실무에서 터득한 마케팅 방법과 조직관리, 자금관리 그리고 사업계획서 작성 및 실행방법에 대한 컨설팅을 했어요. 특히 자금력이 부족한 소기업 사업자들에게는 '돈 안 들이고 마케팅하는 방법'을 전수하면서 3,000여 개가 넘는 업체를 컨설팅했고 그중 다수의 기업이 성공가도를 달리게 되었어요. 저도 특강을 통해 인터넷이나 스마트폰을 통해서 마케팅하는 법을 배웠는데, 국내에서도 맨손으로 꿈을 이룰 수 있다는 것을 알게 해 준 분입니다.

로버트 기요사키는 재테크 분야의 고전으로 손꼽히는 『부자 아빠 가난한 아빠』 시리즈를 통해 전 세계 수천만 사람들의 돈에 대한 인식을 바꿔 놓았습니다. 그는 사업가이자 교육자이며, 나아가 세상에는 일자리를 창출할 사업가가 더 많이 필요하다고 믿는 투자가기도 합니다. 그의 책은 2001년 기준으로 우리나라에서 출간된 책 중에서 네 번째로 많이 팔렸다고 해요. 로버트 기요사키도 가난한 집안에서 태어나서 학교 밖 배움으로 부를 이루었어요. 저 역시 이 사람에게 돈에 대한 개념을 처음 배웠습니다.

이밖에도 다양한 분야에서 학벌과 스펙 없이도 자신의 전문성을 입증하며 풍요롭게 살아가는 사람들을 점점 더 많이 알게 되면서 저도 해낼 수 있을 것 같다는 생각을 하게 되었죠.

학벌이 부족해도
꿈을 이룰 수 있다

서울 한복판 사당역 바로 앞에 정글엠앤씨라는 회사가 있어요. 이제 사업을 시작하는 스타트업부터 중소기업, 대기업까지, 클라이언트의 사업을 기획·컨설팅하고 온라인마케팅 대행업무를 주로 하는 회사입니다. 10만 개가 넘는 회사들과 일했고, 현재 몇십 억대의 연 매출을 기록하고 있는 이 회사는 대학교도 제대로 졸업하지 못한 공장 노동자 출신의 대표가 노트북 3개로 창업한 회사입니다.

정글엠앤씨의 정광우 대표는 공장에서 일하면서 짬짬이 온라인마케팅에 대한 공부를 따로 하면서 역량을 쌓았어요. 그 역량과 경험이 어느 정도 쌓였을 때쯤 여러 온라인마케팅 관련 회사를 거쳐 정글엠앤씨를 창업하게 된 거죠. 이름만 들어도 알 만한 기업들을 컨설팅하고 다수의 온라인 광고를 진행하며 서울의 명문대 광고홍보학과 학생들이 해마다 100여 명 이상 실습경험을 쌓는 현장을 제공하는 이 회사의 창업자는 대학교도 제대로 나오지 못했다는 것입니다.

J Jungle M&C
Jungle Marketing and Communication

WE'RE SO
TRENDY
우리가 바로 이 시대의 기준이다

일선에 일하고 있는 저 역시 광고홍보학과나 마케팅학과, 경영학과를 나온 것이 아닙니다. 앞서 말한 것처럼 원래 초등학교 교사가 되고 싶었고 교육 대학교에 진학해 졸업까지 했죠. 전문성으로만 본다면 스펙과 학벌이 없다고 봐도 무관할 정도입니다. 보통 기획자나 마케터가 되고자 한다면 마케팅학과가 있는 대학 진학을 고려해야겠지만 꼭 그럴 필요는 없다고 생각했어요. 그 대신, 학벌을 대체하는 전문성과 잠재력을 보여줄 수 있는 포트폴리오를 만들기로 한 거죠.

저는 학교 밖에서 자기계발한 경험을 3,000여 건의 글로 정리하여 블로그에 업로드하고 있었습니다. 그래서 이 분야에서 일하기 위해 제가 그동안 어떤 노력과 생각을 했는지, 그 과정을 말로 설명하지 않고 블로그를 정리하여 포트폴리오로 제출했습니다. 그랬더니 신기하게도 여러 기업에서 합격통보가 왔고, 그중 정글엠앤씨에 입사하기로 결정했습니다. 그리고 4년 만에 회사의 임원이 되었죠.

밑줄 쫙쫙!

포트폴리오는

정말정말 매우매우

중요하다!

뒤에서도 여러 번 강조하겠지만, 일하고 싶은 분야에 대한 공부와 경험을 포트폴리오로 잘 정리해서 보여준다면 기회는 충분히 있습니다. 저뿐 아니라 정글엠앤씨의 임직원 중에는 학벌이 뛰어나지 않더라도 자신의 잠재력과 전문성을 포트폴리오로 증명하여 취업에 성공하고 충분히 업계에서 전문성을 인정받는 분이 많아요. 또 광고대행업무를 하다 보면, 다양한 브랜드의 담당자를 만나게 되는데, 그분들도 관련 분야의 스펙과 학벌이 좋아서 일을 할 수 있는 것은 아니었어요.

―

통장잔고가 마르고, 실패를 반복해도 꿈을 이룰 수 있다

스펙과 학벌도 별로인데, 돈도 없고, 계속 실패를 반복하다 보면 자신감이 떨어지면서 꿈을 이룰 수 없을지도 모른다는 불안감에 휩싸이기도 합니다.

**실패를 유연하게
받아들이는 사람이
진정한 승리자가 된다.**

해리코리아의 김철윤 대표이사는 1986년 부천역 앞에서 카세트테이프를 판매하며 웬만한 직장인들보다도 더 짤짤한 수익을 올렸어요. 음악테이프를 복사해서 길거리에서 판매하는 식이었죠. 30만 원으로 장사를 시작해서 액세서리, 각종 주방기구 등 노점상으로는 손대지 않은 게 거의 없을 정도로 청춘을 바쳤고 승승장구했어요.

하지만 서울올림픽을 앞두고 행해진 대대적인 노점상 단속으로 일을 정리할 수밖에 없었습니다. 그 후 남은 돈으로 쓰러져 가는 당구장을 인수하면서 반년 만에 하루 매출을 10배로 늘리는 것으로 시작해 30여 개 업종을 오가며 큰 성공을 거두게 되었습니다. 하지만 IMF로 거래처들이 줄도산하면서 운영하던 인테리어 사업이 위기를 맞게 되었어요. 다시 빈털터리가 되고 말았죠.

그는 포기하지 않고 지인의 도움으로 가구매장을 헐값에 인수해 호프집을 열었고 대박을 터뜨렸습니다. 그 뒤로 '비어캐빈'을 론칭하며 프랜차이즈 사업에 뛰어들었어요. 지금은 수백 개의 점포를 보유한 '해리코리아'라는 프랜차이즈를 운영하며 수십 억의 매출을 올리고 있습니다. 그저, 단돈 30만 원이 시작이었던 거죠.

크리스 길아보(Chris Guillebeau)는 맨몸으로 전 세계를 돌아다니면서 다양한 분야에서 소자본 창업을 하고 있는 노마드워커(Nomad worker)에요.

• 노마드워커: 사무실 없이 노트북과 스마트폰만으로 수익을 창출하며 자신의 분야에서 일하는 사람

그는 휴대전화와 노트북만 있으면 전 세계 어디를 가든 프로젝트를 진행할

수 있다고 합니다. 크리스의 SNS와 책에는 학교에서는 가르쳐주지 않는, 교과서에는 나오지 않는 이야기들이 가득합니다. 그의 책과 웹사이트에 소개된 것만 해도, 맨손으로 자본금 없이 꿈을 이루고 있는 사람들의 이야기가 500개는 넘을 거예요.

크리스는 우리나라에서 『100달러로 세상에 뛰어들어라』라는 책을 출간했는데, 여기에 10만 원으로 창업한 전 세계 사람들의 이야기를 담았어요. 2013년에는 우리나라를 방문하여 숭실대학교에서 강연을 하기도 했는데 1,000여 명의 청중이 모일 정도로 많은 관심을 받았어요.

시간이 지난 지금, 저는 그의 이야기가 국내에서도 충분히 통한다고 믿게 될 만큼 시간과 공간의 제약 없이 일하는 우리나라 사람들을 알게 되었습니다. 그것도 단돈 10만 원이 아니라 0원으로 말이죠.

이지성 작가는 『18시간 몰입의 법칙』에서 한 분야에서 성공하기 위해서는 잠자는 시간을 제외한 나머지 모든 시간을 일에 대한 노력과 생각으로 가득 채워야 한다는 사실을 강조합니다. 이 책에는 한 분야에서 큰 업적을 쌓은 사람들의 이야기가 나오는데, 그들은 노력과 시도를 많이 한 만큼 실패도 수없이 많이 해요. 실패는 뼈저리게 아프지만 다시 실패하지 않기 위해 원인을 분석하고 다시 잘될 수 있는 행동으로 옮기죠. 이것을 반복하면서 또 하나의 성공을 만들어내는 것입니다.

KFC 창립자인 커넬 샌더스(Harland David Sander)는 다양한 사업을 운영하던 중 어려움을 겪게 되었습니다. 그러자 그는 주유소 옆 간이식당을 운영할 때부터 10년 동안 개발한 프라이드치킨 조리법을 팔기 위해 52살에 중고 포드 승용차에 압력솥을 싣고 숙식을 해결하며 돌아다니기 시작했어요. 그 결과 전 세계인이 맛있게 즐기는 KFC가 탄생하게 된 거죠. 취업을 준비하는 나이가 20대에서 많게는 30대라고 할 때, 우리는 KFC 창립자보다 몇십 년 젊고 충분한 기회가 있으니 포기하지 말고 용기를 내라고 말해 주고 싶습니다.

자전거를 처음 탈 때는 계속 넘어지고 다치기도 하지만, 나중에는 손잡이를 잡지 않고 타는 경지에 이르듯이, 우리는 반복되는 실패와 부족한 환경 속에서도 교훈을 얻고 이번에는 어떤 새로운 시도를 할지 결정해야 합니다.

인생의 모든 과정은
실패의 연속이다.

이렇게나 많아?

스펙과 학벌이 부족해도
자신만의 또 다른 길을 걸어간
멘토를 찾아 빈칸을 채워 보자.

김영식 천호식품 창립자. IMF 시절 잘못된 판단으로 비전문 분야에 투자하여 한순간에 몰락했다. 이후 한 끼 밥값이 없어 소주로 허기를 달래면서도 강남역 지하도에서 전단을 돌리는 등 열정과 뚝심으로 재기에 성공한 인생역전의 주인공이다.

류근모 조경사업에 실패한 후 귀농하여 융자금 300만 원으로 유기농 상추재배를 시작했고, 창업 13년 만에 매출 100억대의 유기농 기업으로 키워냈다.

신창연 직원들이 투표로 대표, 임원, 팀장을 뽑는 회사로 유명한 중견 여행사 '여행박사' 1대 창업주. 2000년 다니던 회사에 사표를 던지고 단돈 250만 원으로 창업한 여행박사를 연 매출 1,300~1,500억 원대 중견 기업으로 성장시켰다.

유근용 독서 카페 '어썸피플'과 독서경영 컨설팅업체 대표. 10대 시절 어려운 가정환경 속에서 경찰서, 법원을 들락거리며 방황하다가 책 읽는 즐거움에 눈떴고 인고의 과정을 거쳐 새로운 삶을 살게 되었다.

이수진 실업고와 전문대를 졸업한 후 모텔 종업원, 원양어선 어부, 도예촌 보조 등의 일을 했고 숙박업종 종사자 커뮤니티를 만들기도 했다. 이 경험을 바탕으로 국내 1위 숙박ㆍ레저ㆍ액티비티 회사이자 유니콘 기업인 '야놀자'를 창업했다.

청년장사꾼 자본, 기술, 뒷배 없이 무일푼으로 창업하여 무릎담요부터 커피, 감자튀김 등 다양한 제품을 팔며 20억 매출을 올리는 청년들의 가게이다.

성공의 인과법칙을

배운 사람

3

콩 심은 데 콩 나고
팥 심은 데 팥 난다

자기계발을 시작하며 처음 배웠던 것은 '성공은 발자취를 남긴다'는 말이었어요. 성공한 사람들처럼 되기 위해서는 그 자리가 있기까지의 과정을 묻고 공부하며 똑같이 따라 하면 된다는 것이 핵심이었죠. 저는 앞에서 소개했던 브라이언 트레이시의 유튜브 강연을 통해 이 원리를 알게 되었어요. 브라이언 트레이시도 접시닦이, 주유소 아르바이트부터 시작하여 높은 연봉을 받게 되기까지 성공의 인과법칙을 충실히 따랐습니다. 그리고 현재는 다양한 사업을 성공적으로 운영하며 자신의 경험을 바탕으로 세계적인 베스트셀러를 여러 권 썼습니다.

처음 이 일을 시작할 때 내겐 아무것도 없었습니다. 고등학교 졸업장조차 없었고 성적도 형편없었죠. 그리고 고등학교를 중퇴하고 나니 막일밖에는 할 일이 없었습니다. 제대로 교육받지 못하면 성공할 수 없고, 성적이 나쁘면 좋은 직장에 들어가기 어렵고, 대학에 가지 않으면 잘살 수 없다고 믿었죠.*

> '미국도 우리랑 비슷하네….'
> 라는 생각을 하는 당신,
> 우리가 생각한 것보다 훨씬 열악한 상황에서도
> 멋진 일을 해낸 수많은 사람들이 있다.

보통의 자기계발서나 강연에서는 대단한 사람이 이룬 뛰어난 업적만을 이야기하는 경우가 많았는데, 이 영상은 또 다른 길의 시작에 대해 말하고 있었어요. 저보다 상황이 좋지 못한 사람들도 꿈을 꾸기 시작하고 자신의 분야를 개척했는데 나라고 못할 이유는 없다고 생각했죠. 그래서 이제 그 방법과 과정이 궁금해지기 시작했습니다.

공사장, 농장, 목장에서 가리지 않고 일을 한 브라이언 트레이시. 볼트와 너트를 결합하는 공장 일도 마다하지 않았지만 상황은 좋아지지 않았다. 좌절감에 빠져 있던 어느 날, 그는 스스로에게 이런 질문을 던진다.
"저 사람은 어떻게 성공한 거지?" 그리고 성공한 사람한테 물었다.
"당신과 나의 차이가 대체 뭐죠?"
고등학교 중퇴자, 인생루저였던 브라이언 트레이시가 변화하는 순간이었다.

저는 영상을 본 지 10년이 지난 지금도 항상 이 부분을 생각하면서 행동합니다. 제가 도전하는 분야에서 이미 성공한 사람들이 있었고, 그들과의 대화를 통해서 더 나은 방법을 배우고 깨닫게 되었죠.

그것이 알고 싶다!
"당신과 나의 차이가 대체 뭐죠?"

더 이상 막일도 할 수 없게 되었을 때 여러분처럼 세일즈를 하게 되었습니다. 당시 우리 회사에는 다른 사람보다 10배 이상의 실적을 올리는 사람이 있었습니다. 같은 물건을, 같은 가격에, 같은 장소에서, 같은 사람에게 동일한 조건에 파는데도 다른 사람보다 10배 이상을 팔았죠. 그래서 대체 비법이 무엇인지 물었고 그가 알려준 대로 했습니다. 이제 이 자리까지 올 수 있게 한 '그것'에 대해 말씀드리겠습니다.*

같은 책을 읽더라도, 같은 아르바이트를 하더라도, 같은 직장에 다니더라도, 성공한 사람들과 일반 사람들은 생각과 말 그리고 행동이 모두 달랐어요. 다만 그것을 우리가 보고 지나치느냐, 적극적으로 묻고 도움을 요청하며 도움을 주기도 하는 등의 행동을 하느냐에 따라 인생이 달라지는 것이죠.

그것은 바로 인과법칙입니다. 성공은 우연히 찾아오지 않습니다. 실패도 마찬가지입니다. 성공은 자취를 남깁니다. 여러분이 성공한 사람들의 자취를 따르기만 해도 그 시작점이 어디든, 똑같은 결과를 얻을 것입니다. 아주 충격적인 원리입니다.*

사실 '이렇게 쉽다고?'라는 생각을 했어요. 한편으로는 이렇게 성공한 사람들의 자취를 따르면 정말 누구나 똑같은 결과를 낼 수 있을지 궁금해졌습니다. 오랜 시간 노력해 보니 100%는 아니더라도, 성공의 인과법칙이 있다는 것을 알게 되었어요. 또한 사람들은 성공한 사람들에게 먼저 묻고 배우려 하지 않고, 배우더라도 그것을 생각보다 신뢰하지 않는다는 것, 신뢰하

더라도 인고의 시간을 버티며 최선을 다해 행동하고 노력하지 않는다는 것
도 알게 되었죠.

어떤 일이 생기는 데는 이유가 있다.
성공의 인과법칙은 성공하는 사람은 이유가 있고,
그의 발자취를 따라가다 보면 나도 성공한다는 단순한 원칙이다.

이제 저는 브라이언 트레이시의 말처럼 우리나라에도 발자취를 따라갈 만
한 사람이 있을지 궁금해졌습니다.

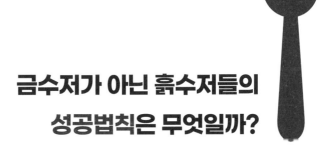

금수저가 아닌 흙수저들의
성공법칙은 무엇일까?

돈 없이 3,000명을 만나다

강연을 보고 나서 주변을 둘러보니 발자취를 따라갈 만한 사람을 찾기 힘들었어요. 그래서 고민하다가 책을 찾아보기 시작했습니다.

처음에는 무료로 책을 볼 수 있는 국립중앙도서관에 갔어요. 도서관 책장에 꽂혀있는 책 한 권마다 한 사람의 삶이 담겨있는 것이라고 생각했어요. 저자소개에는 그 사람의 삶이 요약되어 나옵니다. 그래서 관심이 가는 책이 있으면 저자소개를 먼저 살펴봤죠. 주어진 환경은 부족하지만 그것을 극복하고 자신의 분야에서 꿈을 이룬 사람들을 찾을 때까지 책을 골랐어요. 저와 시작점이 비슷했던 사람들을 찾게 되면, 책을 한 장 한 장 넘겨 그 사람이 꿈을 이룬 과정들을 따라가 보았어요. 보고 배울 부분이 있을 때는 메모장에 바로 옮겨 적었죠. 때로는 서점에 가서 책을 찾아보기도 했어요.

더 알아보고 싶은 저자가 있을 때는 인터넷을 검색했어요. 인터뷰 기사를 읽고 유튜브로 저자의 강연을 찾아보기도 했어요. 조금 더 적극적일 때는 SNS로 메시지를 보내거나 이메일을 남겨서 직접 만나 식사를 대접하고 인터뷰를 요청하기도 했죠. 이렇게 실제로 만났을 때는 책에서 알 수 없었던 것까지 질문하고 배움을 얻을 수 있었어요. 저자가 외국인이면 직접 만나기 힘들기 때문에 우리나라에서 강연을 한다는 소식은 없는지 검색해 보고 인터넷과 책을 꾸준히 찾아봤습니다.

이렇게 한 사람을 만날 때마다 새로운 세상이 펼쳐졌어요. 매일 절망적으로 바라봤던, 노랗기만 했던 하늘이 조금씩 파래졌죠. 도서관과 서점은 제게 책을 보러 가는 곳이라기보다는 한 사람을 만나고 그의 삶에서 어떤 것을 배울지 찾으러 가는 곳이었습니다.

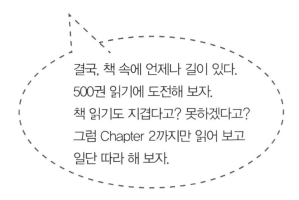

결국, 책 속에 언제나 길이 있다.
500권 읽기에 도전해 보자.
책 읽기도 지겹다고? 못하겠다고?
그럼 Chapter 2까지만 읽어 보고
일단 따라 해 보자.

이렇게 읽은 책이 500권을 넘어서니, 닮고 싶은 삶의 모습들이 마음속에 여럿 자리 잡았어요. 그리고 맨손으로 꿈을 이룬 사람들의 공통점을 찾을 수 있었죠. 학교 밖에서 무엇을 배워야 생존하며 성장할 수 있는지도 깨닫게 됐어요. 그중 하나가 업종과 직업을 막론하고 학벌, 스펙 없이 취업하고 자수성가하며 꿈을 이룬 사람들은 영업과 마케팅에 능하다는 것이었습니다. 그들은 자신의 경험을 어떻게 활용해야 취업할 수 있는지 알고 있었습니다. 이에 더해 취업하고 나서도 제대로 된 결과를 내고 연봉을 올리는 방법을 알았어요. 퇴직할 때쯤에는 자신의 이름 석 자로 브랜드를 구축하기도 했고, 창업을 통해 좀 더 가치 있는 일을 했습니다.

이후 저는 마케팅과 세일즈를 배우기 위해서 2시간에 몇십만 원 하는 세미나를 듣기도 했어요. 백수인 제게는 분명 부담스러운 돈이었지만 그만큼 가치가 있었어요. 그중 온라인을 통해서 마케팅과 세일즈를 탁월하게 하는 방법을 알려주는 세미나가 있었는데, 이때 배운 내용을 바탕으로 자신만의 포트폴리오를 구성해서 취업한 분도 있었고, 사업하는 분들은 매출을 올리면서 큰돈을 벌기도 했죠.

맨손으로 꿈을 이룬 사람들의
공통점을 찾아라

학벌, 스펙 없이 취업하며 꿈을 이룬 사람들도 처음부터 어떤 일에 탁월함을 보인 것은 아닙니다. 실패를 거듭하며 꿈을 현실화하기 위한 배움을 얻고 실천한 경우가 많았어요. 자본주의 사회에서 학벌 대신 능력을 인정받으며 살아가기 위한 '어떤' 것들이 필요했다는 거죠. 맨손으로 꿈을 이룬 사람들은 현실에 부딪히는 능력의 한계를 극복하기 위해 책을 읽든, 사람에게 일을 배우든, 어떤 형태로든 끊임없이 묻고 배우며 행동했어요. 또 마케팅과 세일즈에 능했습니다. 단기간에 꿈을 이룬 사람은 휴대전화와 컴퓨터, 인터넷이 발달된 사회환경을 활용할 수 있는 강한 온라인마케팅력을 가지고 있었어요. 개인과 회사, 모두 그랬습니다.

그리고 취업을 준비할 때는 사소한 경험이라도 그것이 일에 어떻게 도움이 될지 포트폴리오로 구성해서 면접 때 다른 구직자들과 차별성을 증명했어요. 직장에 다니면서도 월급만 생각하는 것이 아니라 그 안에서 쌓는 경험들을 차곡차곡 포트폴리오로 구성한 다음 책으로 펴내며 제2의 삶을 살아가거나 이를 바탕으로 창업하는 경우도 많았어요. 또한 혼자 잘되는 것은 쉽지 않고, 사회에서 이루어지는 모든 활동에는 이해 당사자들 간의 대화와 협상을 하는 과정이 필요하다는 것을 이해하며 그에 능통했습니다. 일하고 있는 분야에서는 '프로'라는 생각으로 끊임없이 전문성을 유지하기 위해 학습하고 연구했고요. 비록 시행착오는 많았지만 남들보다 더 깊이 고민하고 행동하며, 같은 일을 하더라도 성공하는 횟수가 더 많았어요. 단순한 일이라도 배우고 싶은 사람 밑에서 겸손한 마음으로 가르침을 받으며 성장했습니다.

진짜 실패는 시도하지 않고 머뭇거리는 것,

성공의 인과법칙을 삶의 1순위로 두면 당신도 성공할 수 있다!

인과법칙을 증명하다

다양한 분야에서 활약하고 있는 3,000여 명의 사람들을 만나면서 저도 해보고 싶은 게 생겼어요. 온라인광고회사에 취업해서 다양한 브랜드의 마케팅전략을 기획하고 운영하면서 세상을 보는 시야를 넓히고 싶다고 생각했죠. 그리고 학벌과 스펙이 부족해도 자신이 원하는 분야로 취업할 수 있게 하는 교육사업이 하고 싶었습니다. 그러기 위해서는 제가 먼저 학벌과 스펙 없이 꿈을 이룰 수 있어야 했어요.

저는 정식으로 마케팅 관련 공부를 한 것은 아니었어요. 그래서 또 다른 길에서 성공한 사람들처럼 그동안 자기계발하며 마케팅에 대해 공부한 내용을 블로그에 하나씩 업로드했어요. 이를 통해 자기소설을 쓸 필요 없이 노력한 과정과 경험을 증명하고 잠재력과 전문성을 인정받을 수 있었죠.

자기소설은 이제 그만,

진정한 자기소개서를

쓰는 방법을 알려 주마!

취업을 준비할 때도 제가 노력한 것들을 말로 설명하지 않고 그동안 쌓은 디지털 포트폴리오를 제출했습니다. 이를 바탕으로 면접 때 어떤 꿈을 꾸었고, 왜 이 일을 하려고 하며, 누구를 만나왔고, 어떤 공부를 했는지를 이야기했어요. 그 결과 여러 곳에 합격할 수 있었죠.

저는 사업과 마케팅, 브랜딩에 대해 배우기 위해서 정글엠앤씨에 입사했어요. 다양한 비즈니스를 하는 고객들의 업무를 돕고 마케팅을 배우면 세상을 보는 눈이 좀 더 넓어질 것이라고 생각했죠.

입사 후 저는 화장품, 의류, 잡화, 식품 등의 쇼핑몰부터 부동산, 프랜차이즈 사업과 어플리케이션을 기반으로 한 플랫폼 서비스들을 경험했고 거기에서 성공한 사람들의 노하우를 습득하게 되었어요. 또 한편으로 정글엠앤씨에서 각종 마케팅과 사업에 대한 기획에 대해 배웠고 이 과정을 통해 저 역시 온라인마케팅과 브랜딩, 각종 사업전략 기획의 전문가로 인정받을 수 있게 되었습니다.

저는 회사에서 겪게 되는 모든 일이 스스로의 자산이 될 것이라는 마음으로, 그저 월급을 기다리는 '단순 직장인'을 넘어 절실한 마음으로 일했고 사업을 배워 나갔어요. 회사는 제가 꿈을 꾸며 비즈니스의 모든 것을 배울 수 있는 창업학교였죠.

"방황의 시간은 결코 나쁘지 않다.
또 다른 길을 찾는 기회가 된다."

임용고시를 보지 않고 방황하며 자기계발을 했던 인고의 시간들은 제게 큰 선물이었어요. 이를 통해 또 다른 길이 있다는 것을 알게 되었기 때문입니다. 학교에 다니며 공부만 할 때는 접하지 못했던 다양한 길을 알게 된 것이죠. 자신이 원하는 일을 할 때 학교성적이 반드시 필수는 아니라는 것이 가장 놀라웠어요.

취업한 뒤로도 스스로 끊임없이 성장하기 위해 노력하고, 취업문제로 힘들어하는 지인과 서울·경기권의 고등학생, 대학생, 취업준비생, 직장인들을 시간이 될 때마다 컨설팅하며 제가 배운 경험과 노하우를 나눴습니다. 정글엠앤씨 홈페이지를 보고 직접 찾아오거나 제 SNS를 통해 연락하는 사람들도 있었어요.

제가 경험하고 배운 것을 나누며, 다른 사람들도 저처럼 또 다른 길을 이해하고 노력해서 취업에 성공하면서 학벌과 스펙에 관계없이 자신이 원하는 분야에서 취업할 수 있다는 가능성이 점점 기정사실화되기 시작했습니다. 그리고 이제는 스펙과 학벌이 부족해도 마케터나 기획자가 되고 싶어 하는 분들께 실질적인 도움을 드릴 수 있게 되었어요.

포트폴리오로

자신을 증명하는 사람

4

학력 인플레이션이 만든
아픈 청춘들

대학에 진학하는 학생 중 50~70%는 취업스펙을 쌓기 위해 대학에 진학한다고 답한다고 하죠.

대학의 사전적 의미.
고등 교육을 베푸는 교육 기관.
국가와 인류 사회 발전에 필요한 학술 이론과 응용 방법을
교수하고 연구하며, 지도적 인격을 도야한다.

하지만 현실은? 취업, 취업, 취업…
"대학은 나와야 취업하기 그나마 낫잖아요?"

막연한 생각으로 대학에 입학합니다. 또 오랜 시간과 많은 돈을 투자하고 돈이 부족하면 휴학하거나 학자금대출까지 받았기 때문에 졸업 후에는 높은 연봉과 안정적인 직장을 원하죠. 그래서 많은 학생들이 공무원이 되기 위해 노량진에 가고, 공기업, 대기업에 가기 위해 취업을 준비합니다. 하지만 경제성장은 제자리걸음에, 일자리는 한정적이다 보니 많은 청춘들이 아픕니다.

수많은 고학력 인재 중에서 소수만 공무원이 되고 공기업, 대기업에 취업할 뿐, 남은 청춘들은 차마 중소기업에는 취업하지 않으려고 합니다. 안정

적이지 않고 복지가 좋지 못하다고 생각하기 때문이죠. 원하는 연봉도 받지 못한다고 판단하고요.

중소기업 입장에서 보면, 글로벌 경쟁사회에서 살아남기 위해 차별성 있는 인재를 선발하여 치열하게 비즈니스를 해야 하는 상황입니다. 따라서 그에 맞는 문제해결력, 창의력, 협동심 등의 잠재력을 갖고 전문성을 겸비한 인재를 찾아보지만 그런 사람은 취업시장에 없다는 거죠. 신입 대신 경력자를 뽑기도 합니다. 이러한 극심한 인재 미스매칭은 개인과 기업, 사회, 국가의 경쟁력을 낮추는 치명적인 문제입니다.

——————가장 큰 피해자는 바로 당신!——————

학생들은 그동안 학교에서 시키는 것만 달달 외우며 틀린 것과 맞는 것을 고르면 좋은 성적을 받았습니다. 어떻게 해야 사회에서 요구하는, 전문가가 될 수 있는 잠재력과 역량을 증명할 수 있는지 깊게 생각해 볼 기회 자체가 없다는 거죠. 그래서 자기소개서 대신 자기소설을 쓸 수밖에 없습니다. 기업은 판에 박힌 똑같은 인재들 속에서 겨우 잠재력이 있어 보이는 사람을 선발하지만 기대하는 만큼의 능력을 발휘하는 인재가 나오기는 쉽지 않죠.

——————— 우리는 이제 선택해야 한다! ———————

소수만이 성공할 수 있는 정해진 길에서 제로섬게임을 할지, 부족한 학벌과 스펙을 버리고 위험을 무릅쓰며 그동안 한 번도 도전해 본 적 없는 또다른 길을 선택할지 말이지요.

포트폴리오 하나로
마케팅 회사에 취업하다

또 다른 길에서 자신을 증명하며 취업하기 위해서는 그동안 오랫동안 배워온 취업을 준비하는 방식을 버려야 한다는 사실을 명심해야 합니다.

저 역시 처음 온라인마케터가 되어야겠다고 생각했을 때는 대학 진학을 생각했습니다. 하지만 곧 암울한 현실을 깨닫고, 다른 방법을 찾아보기 시작했죠. 많은 책을 읽고 강연을 접하다 보니, 마케터로 취업하거나 평생을 살아가는 데 반드시 대학에 진학할 필요는 없다는 사실을 알게 되었습니다.

구글의 인재 선발방식: 여러 단계의 면접을 통해서 그 사람의 과거 경험이 업무에 어떤 의미가 있는지 인터뷰하는 방식으로 사람을 뽑는다. 합격한 사람은 출근 당일에 바로 실무에 투입된다.

구글과 같은 사례들을 계속 접하면서 저는 조금은 특별한 형태로 자신을 증명하는 것이 필요하다는 것을 깨달았어요. 좋은 인재는 잠재력이 높고, 자신의 전문성을 증명할 수 있으며, 또 그것을 말이 아닌 포트폴리오로 보여줍니다.

잠재력과 전문성을 포트폴리오로 보여주는 방법에는 여러 가지가 있는데,

저는 마케터가 되기로 결심한 뒤로 블로그를 개설해서 제 생각과 경험을 기록하기 시작했습니다. 학교에서 한 번도 배워보지 못한 꿈을 찾아가는 과정과 마케팅 관련 일을 하고 싶은 이유에 대해 일기처럼 블로그에 적었습니다. 또 마케팅과 기획 분야에서 성공한 분들의 강연 리뷰를 작성하고 개인적으로 인터뷰한 내용들도 하나씩 포스팅했습니다.

일반적으로 대학을 졸업할 때까지 전공 관련 도서를 20~40권 정도 읽게 된다고 합니다. 저는 관련 학과를 나오지 못한 대신 서점에서 몇백 권에 달하는 기획과 마케팅, 세일즈 관련 책을 읽고, 수많은 세미나와 특강에 참여했으며, 그런 기록을 블로그에 온전히 담았습니다. 그리고 블로그에 기록한 각각의 내용이 제 삶에 어떤 의미였고, 그것이 일에 어떻게 도움을 줄 수 있을지를 정리하여 포트폴리오로 만들어 마케팅 분야의 여러 회사에 지원했습니다. 그리고 지원했던 모든 회사에 합격할 수 있었던 거죠.

정해진 길에서는 임용고시 포기자이자 백수였지만
또 다른 길에서는 학벌, 스펙 없이
광고대행사에 취업한 작은 성공자가 될 수 있었다.

제대로 된 포트폴리오만 있으면
누구나 할 수 있다

포트폴리오를 인정받고 취업한 뒤에는 저처럼 취업을 준비하면서 어려움을 겪는 사람들을 돕기 시작했어요.

군대에서 만난 A라는 동생이 있습니다. A는 지방에 있는 대학을 졸업했는데, 자신이 원하는 것들을 쉽게 얻지는 못하는 상황이었어요. 저는 A에게 군대 안에서 자기계발할 수 있는 방법을 알려주었습니다. A는 군 복무 중에 틈틈이 책을 읽었고, 사이버지식정보방에서는 인터넷을 통해 다양한 강연을 접했어요. A는 전역 후에 부동산 관련 일을 하고 싶다고 했고, 공인중개사 시험에 합격한 뒤에 쉽지 않다는 영업직을 선택했어요. 이렇듯 A는 학교 밖에서 꾸준히 자기계발했고 다양한 경험을 쌓았습니다. 지금은 연봉 1억 원 상당의 부동산 컨설턴트로 강남권에서 인정받고 있죠.

군대에서 인연을 맺게 된 B의 이야기도 해 드릴게요. B는 힙합을 작곡하는 프로듀서로 활동하고 있었어요. 사회적으로 인정받기도 쉽지 않고 안정적인 일은 아니었죠. B는 자신의 작곡 노하우를 블로그와 '얼간이작곡가'이라는 유튜브 채널을 통해 공유하기 시작했어요. 유튜브 구독자는 꾸준히 늘어났고 레슨 문의도 왔습니다. 또 유명 래퍼들과 음악작업을 할 수 있게 되었어요. 주머니 사정이 좋지 않아서 매일 계란만 먹던 B는 레슨 문의가 쏟아지면서 억대에 가까운 연봉을 받는 레슨 프로듀서가 되었어요. 이 모든 과정을 제가 도왔습니다. 그동안 제가 쌓은 노하우로 취업뿐 아니라 1인 창업도 가능하다는 것을 증명한 것이죠.

제가 일하고 있는 정글엠앤씨는 서울 · 경기권의 대학들과 산학협력을 하고 있어요. 그래서 분기마다 마케팅 실무를 경험하고자 하는 광고홍보학과, 미디어학과, 경영학과 등 관련 학과 학생들이 학점을 인정받고 소정의 비용을 받으며 실습을 합니다. 그런데 이 짧다면 짧은 2~3개월 동안 쌓은 실무경험으로 자기소개서를 채워서 대기업에 취업하는 학생들이 종종 있습니다. 정글엠앤씨 직원들의 집중관리를 받으며 배우고 성장한 경험을 자기소개서와 포트폴리오에 담았기 때문에 다른 인재들과의 차별성이 있었을 거예요.

정글엠앤씨의 산학협력 실습제도를 거친 학생들이 취업한 업종과 분야도 다양합니다. 마케팅은 모든 사업을 운영하는 데 핵심입니다. 그동안 학생들이 학교에서 배운 이론과 정글엠앤씨에서 쌓은 실무경험이 적절하게 조화를 이루면서 각 회사의 인사 담당자들이 차별성 있는 마케터로 보는 데 도움이 되지 않았을까 합니다.

취업 기회가 넘치는
블루오션 시장을 찾아라

 어디 좋은 인재 없습니까?
사람을 구하려고 해도
우리 회사에 맞는 인재가 없어요.

기업 관계자 분들이나 임원 분들과 함께 하는 마케팅 컨설팅 자리에서 자주 듣는 이야기입니다. 말하는 내용은 조금씩 달라도 공통점은 인재를 원한다는 것이죠. 그리고 그 인재는 앞에서 언급한 잠재력, 전문성을 포트폴리오로 꾸준히 누적해서 보여줄 수 있는 사람일 것입니다.

특히 포트폴리오로 취업을 하기 용이한 분야가 있습니다. 또 다른 길을 걷는 분들께는 좋은 기회가 될 거예요. 시대가 빠르게 변하면서 사람들은 TV보다는 유튜브와 넷플릭스를 더 많이 보게 되었습니다. 이제 PC보다는 모바일을 더 많이 사용하기도 하죠. 우리는 지금 인공지능(AI), 사물인터넷(IOT), 로봇기술, 드론, 자율주행차, 가상현실(VR) 등이 주도하는 4차 산업혁명 시대에 살고 있습니다. 생활의 중심에는 항상 스마트폰이 있고, 모든 거래를 모바일로 할 수 있습니다. 이렇게 흐름이 빠르게 변화하는 분야에는 그만큼 좋은 인재들이 필요한데, 학교에서는 이런 분야에서 일할 수 있는 인재를 제대로 배출하지 못하고 있습니다.

몇몇 교육기관이 있지만 여전히 사람이 부족한 게 현실이죠. 제가 일하고 있는 온라인마케팅 분야가 그렇습니다. SNS마케터, 쇼핑몰마케팅기획자, 유튜브와 SNS영상을 제작하는 PD, 촬영편집자, 웹사이트와 어플리케이션을 구축할 수 있는 개발자, 웹디자이너 등 실력 있는 인재들이 우리나라뿐만 아니라 전 세계적으로 부족한 상황입니다. 그래서 자신의 잠재력과 전문성을 키우기 위해서 학교 밖에서든, 안에서든 다양한 자기계발을 하며 포트폴리오를 쌓으면 좋습니다.

학교교육이 따라가지 못하는 분야에 더 많은 기회가 있다!

중·고등학교 내신과 수능성적, 대학교 학점과 스펙이 필요한 정해진 길이 아니어도 충분히 기회가 있으니 실패하더라도 너무 좌절하지 말고 또 다른 길을 꿈꿔 보는 건 어떨까요?

포트폴리오는 어떻게
만들어야 할까?

포트폴리오를 쌓기 위해서는 먼저 꿈을 찾으면서 잠재력을 키워야 합니다. 실무를 하다 보면 예측할 수 없는 문제들이 발생하기 때문에 이를 해결할 수 있는 능력을 갖춰야 합니다. 면접 때 지원자들의 잠재력을 보려는 이유가 바로 이것이죠. 꿈을 찾는 방법은 학교에서 배운 적이 없습니다. 그래서 꿈을 찾다 보면 스스로 생각하고 문제를 해결하기 위한 방법을 고민하게 됩니다. 바로 잠재력과 직결되는 부분이죠.

처음부터 단기간에 꿈이나 하고 싶은 일을 찾을 수는 없기 때문에 오랜 시간 인내하면서 노력해야 합니다. 때로는 꿈을 찾는 방법에 대해 능동적으로 학습할 수 있어야 합니다. 학교공부는 혼자만 잘하면 됐지만, 꿈을 찾는 과정에서는 서로 물어보기도 하고 좋은 방법에 대해 이야기해 보는 등 다른 사람들과 원활하게 소통하는 것이 중요합니다. 만나고 싶은 사람이 생기면 인터뷰를 요청해야 하기 때문에 적극적인 커뮤니케이션이 필요하고요. 꿈을 찾아가는 이 모든 과정을 포트폴리오에 담아낸다면 개인의 잠재력을 증명할 수 있는 좋은 방법이 됩니다. 취업을 위해 급조한 몇 글자가 아닌 오랜 시간 동안 숙성한 노력의 과정은 그 사람의 진정성을 증명합니다.

다음으로, 관련 분야를 깊게 파고드는 독서와 세미나 참여를 통해 전문성을 쌓아야 합니다. 학교 밖에서 실전경험을 쌓은 사람의 노하우가 들어간 책을 100권 이상 읽고 생각을 정리한다면 최소한의 1차적인 전문성을 만들 수 있습니다.

또 전문성을 쌓고 싶은 관련 분야의 교육프로그램에 참여하는 것은 오랜 시간 동안 축적된 교육자의 노하우를 단기간에 배울 수 있는 기회입니다. 이런 경험들을 쌓으면서 관련 분야에서 아르바이트나 인턴으로 일을 해 본 다면 이를 정리한 포트폴리오가 학벌과 스펙을 대체하고 취업이 가능하게 만들어줄 것입니다.

포트폴리오는 종이가 아닌 SNS나 블로그, 카페 등을 이용해 나만의 인터넷 플랫폼을 구축하는 형태로 준비하자.

포트폴리오를 만드는 방법은 Chapter 2에서 더 구체적으로 설명하도록 하겠습니다.

꿈을 찾고 진로를 고민하며 취업을 준비하는 도중에 도서관이나 서점에서 이 책을 우연히 만나게 된 분들께 꼭 말씀드리고 싶어요.

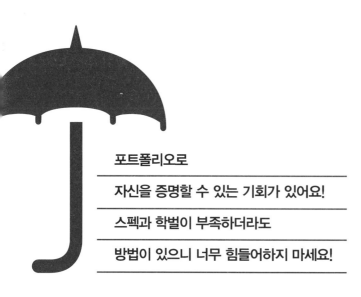

포트폴리오로

자신을 증명할 수 있는 기회가 있어요!

스펙과 학벌이 부족하더라도

방법이 있으니 너무 힘들어하지 마세요!

이 책에서 바로 행동으로 옮기실 수 있는 부분에 밑줄을 긋고 좋은 생각이 떠오르면 메모를 해 보세요. 그리고 작은 것부터 꼭 실천으로 옮겨서 여러분의 삶이 어떻게 긍정적으로 변화하고 있는지 제게도 알려주세요.

직장에서

성공하는 사람

직장을 다니면서
놓치기 쉬운 것

원하는 직장에 들어갔을 때, 대부분의 직장인 분들이 가장 크게 놓치는 것이 하나 있습니다. 바로 취업하면서 포트폴리오 쌓기를 이어가지 않는다는 거예요. 그리고 자신의 분야에서 전문가가 되기 위해 더 이상의 노력을 기울이지 않는 경우도 많습니다. 회사 일을 하다 보면 힘든 일이 다양하게 생기는데, 이런 일들을 오랫동안, 또 차분하게 견딜 만한 강한 동력이 없어요. 높은 급여와 인센티브를 받고 싶은 욕심은 많지만, 빨리 퇴근하고 싶고, 높은 대우를 받기 위해 회사일을 조금 더 하거나 퇴근 후에 자기계발을 하는 등의 치열한 노력은 하지 않죠. 주말에도 마찬가지고요.

직장에 다니고 있다고 해서 포트폴리오의 중요성을 망각하거나 더 이상 누적하지 않았을 때 어떤 일이 발생할까요?

1 초심을 잃고 나태해진다.

2 회사에서 일하는 것은 월급과 등가교환이 되는 것이라고 생각하고 급여가 낮다고 불평하기 시작한다.

3 취업 때 준비하던 자기소개서와 포트폴리오가 직장생활을 하면서도 계속 이어진다는 생각을 하지 못한다. 그리고 그것이 어떻게 자신의 연봉상승과 노후준비를 책임지는지 알지 못한다. 세상은 빠르게 변화하고 요구되는 지식도 바뀌는데 하루 한 시간도 제대로 된 공부를 하는 데 투자하지 않는다.

4 입사한 회사가 나와 맞지 않아서 재취업을 준비할 때 그동안의 근무 경험을 자산화하지 못했기 때문에 좋은 대우를 받기 힘들다.

5 시간이 지나서 퇴직하게 되면, 자신이 일하던 분야와는 전혀 상관없는 분야에서 창업을 한다. 그리고 70% 이상은 5년을 버티지 못하고 폐업하고 만다.

6 이러한 불행의 패턴이 삶에서 반복된다. 개인뿐 아니라 사회와 국가의 성장 잠재력도 함께 낮아진다.

우리 주위에서
종종 볼 수 있는 현실.
그렇다면 좋은 대안은 무엇일까?

같은 직장을 다니더라도
성공하는 직장인은
무엇이 다른 걸까?

성공하는 직장인은
무엇이 다를까?

앞이 깜깜했던 백수 시절, 저는 브라이언 트레이시의 강연과 책을 보면서 영감을 받고 용기를 얻었어요. 이 사람도 시작은 빈털터리에 주유소 아르바이트도 제대로 해내지 못해서 해고될 정도였지만, 영업을 시작하고 나서는 최고의 세일즈맨이 되었죠. 지금은 다양한 사업을 하고, 전 세계를 다니며 자기계발, 마케팅, 세일즈를 주제로 강연하고 있습니다. 어떻게 주유소 아르바이트도 제대로 못하던 사람이 직장에서 인정받고 성공하며 세계적인 전문가가 될 수 있었을까요?

성공하는 직장인은 자신이 진정 좋아하는 일을 합니다. 자신의 일을 좋아합니다. 성공하기 위해서는 좋아하는 일을 하고 그걸로 돈을 벌어야 합니다. 좋아하는 것을 찾게 되면 거기에서 에너지를 얻고 성취동기를 얻고 깊이 빠지게 됩니다. 자수성가한 사람에게 무슨 일을 하는지 물어보면 "저는 일을 해 본 적이 없어요. 좋아하는 걸 할 뿐이죠."라고 할 겁니다.*

좋아하는 일을 하면 게임을 하듯이, 시간이 가는 줄 모르고 몰입하게 됩니다. 게임을 하면서 한번쯤은 밤을 새운 경험이 있을 겁니다. 게임에 빠졌기 때문이죠. 일도 마찬가지입니다. 일에 빠지면 시간이 가는 줄 모릅니다. 그리고 좋아하는 일을 하더라도 힘이 들 수 있습니다. 하지만 즐겁기 때문에 힘든 상황에서도 버틸 수 있는 거죠.

7세에서 14세 무렵의 어린 시절로 돌아가 보십시오. 남녀 구분 없이 그 시절로 돌아가 보면 진정 하고 싶은 일이 무엇인지 알 수 있을 것입니다. 어른이 되면 하고 싶었던 일이 있었을 겁니다. 그리고 자기 분야에서 최고가 되라는 것입니다. 이건 정말 중요합니다.*

학교 성적에 맞춰서 대학에 진학하거나 취업을 하는 이야기는 전혀 없습니다. 어차피 어떤 일을 해서 돈을 버는 것이라면 우리가 좋아하는 일을 해서 돈을 벌 수는 없을지 생각해 봐야 합니다.

저는 잘하는 게 없어서 정말 힘들었죠. 성적도 안 좋고, 직장에서는 수없이 쫓겨났습니다. 주유소에서도 쫓겨났다니까요. 어떻게 할머니도 하는 주유도 못하냐고 하더군요. 그러다 성공한 사람은 자기 일에 뛰어나다는 걸 알게 되었습니다. 은행 강도 윌리 서튼에게 "당신은 왜 은행을 터냐?"고 물었더니 "돈이 거기 있으니까." 라고 대답했다고 하죠.*

저도 지금은 광고대행사의 임원으로 있지만, 처음 시작할 때는 백수였습니다. 스펙을 쌓아 보려고 토익 공부를 해도 번번이 낮은 점수가 나오고 공부만 시작하면 졸음이 쏟아지더라고요.

상위 10% 내의 사람들에게 돈이 존재합니다. 여러분이 있는 분야에서 상위 10%에 들기 위해 고군분투하십시오. 여러분이 좋아하는 일을 하면서 10%에 들 수 있습니다. 10% 내에 들 마음이 없다면 분야를 잘못 택하신 겁니다. 시간이나 때우는 거죠. 인간은 누구나 좋아하고 잘하는 일이 있기 마련입니다. 우리는 좋아하는 일에서는 최고가 될 수 있는 역량이 있습니다. 자, 이제 상위 10% 안에 들겠다는 결심을 해 보세요.*

마케팅의 '마'자도 몰랐지만 온라인마케팅 전문가가 되기로 결심한 뒤로 매일 더 나은 온라인마케터, 컨설턴트가 되기 위해 한 번 더 생각하고 노력하다 보니 많은 것들이 보이기 시작했어요. 하루아침에 모든 것이 변하지는 않았지만, 적어도 순간순간 업계 상위 10% 안에 들어가는 사람들은 어떻게 말하고 행동할지에 대해 고민했습니다.

여러분보다 잘할 수 있는 사람은 없습니다. 여러분도 여러분 분야에서 최고라는 것이지요. 사람마다 걸리는 시간은 다르지만 일단 시작해서 꾸준히 하다 보면 목표는 이루어집니다. 원하는 모든 것이 이루어지죠.*

저는 온라인마케터가 제 평생직업이 될 것이라고 확신할 수는 없었지만 온라인광고대행사에 취업하겠다고 마음먹었습니다. 다양한 브랜드를 경험하며 온라인마케팅과 세일즈 능력을 기르면 추후 교육사업을 시작하는 데도 큰 도움이 되고, 세상을 보는 시야도 넓어질 것이라고 생각했기 때문입니다.

사실 처음에는 엑셀도 제대로 다룰 줄 몰랐어요. 그래서 브라이언 트레이시가 쓴 책을 비롯하여 업무에 도움이 될 만한 다양한 분야의 책을 읽었고 꿈을 이루는 데 성공한 사람들을 자주 접하면서 노력했습니다. 퇴근 후에는 회사일을 더하거나 자기계발을 하기 위해 집도 회사 근처로 옮겼어요. 돈이 부족했기 때문에 마음이 맞는 사람들과 작은 원룸에서 함께 지냈죠.

쉬운 일은 하나도 없었어요. 여러 가지로 많이 힘들었지만 스스로 선택한 길이고 하고 싶은 일을 하고 있기 때문에 버틸 수 있었습니다. 능력 있는 직장인이 되고 싶었고, 더 좋은 교육자가 되기 위해 마케팅과 사업을 배우고 싶어서 주어진 하루하루에 감사했어요. 진로를 충분히 탐색한 후에 하고자 하는 일에 뛰어들었기 때문에 사회적으로 보았을 때 처음에는 월급이나 직업의 안정성, 주거 환경 등 여러 가지가 부족했지만 계속 성장해 나가는 것이 기뻤어요. 여러 회사에서 높은 연봉과 좋은 근무조건을 제시하며 함께 일하자는 제안을 보내오기도 했어요. 이 모든 것이 다 좋아하는 일을 선택했고 직장에서 최고가 되기 위해서 매일같이 노력한 덕분이었습니다.

평생현역이 되자

입사 때부터 은퇴할 때까지 자신의 근무경험과 자기계발한 내용을 차곡차곡 누적한 사람에게는 어마어마한 나비효과를 일으킬 능력이 있습니다. 직장을 다닐 때도 그렇고 퇴직할 때도 마찬가지입니다. 가장 대표적인 것이 창의경영연구소를 운영하는 조관일 대표의 사례입니다.

그는 농협에 입사했을 때부터 새로운 업무를 맡을 때마다 최선을 다해 일하며 전문가가 되기 위해서 연구하고 노력했어요. 첫 번째 책의 주제는 '고객 대응방법'에 대한 내용이었죠. 이 책으로 자신의 전문성을 올릴 수 있었고, 회사뿐만 아니라 사회적으로도 인정을 받았어요. 개인의 가치를 올릴 뿐 아니라 회사의 업무에도 기여할 수 있었던 거죠. 그렇게 쓴 책이 37년 동안 50권이 넘었어요. 지금은 일흔이 넘은 나이에도 다양한 강연과 저술 등의 활동을 활발히 하고 있습니다. 노후 준비가 따로 필요 없는 거죠.

> **노력이 쌓일수록 직장에서는 더 인정받고,**
> **개인의지가 있다면 평생현역으로 살아갈 수 있다**

많은 직장인들이 직장에서 오랫동안 쌓아 올린 경험을 자산화하지 못하고 퇴직할 때 명함을 떼면서 커리어도 같이 증발해 버리곤 해요. 그에 반해 서점에서 만날 수 있는 또 다른 길을 걸은 직장인들은 자신의 커리어를 책 쓰기를 통해 자산화했죠. 유튜브, 블로그를 비롯한 다양한 SNS에서도 지식 콘텐츠를 무기로 자신과 회사의 가치를 높이는 분들이 많아요.

 ## 지금이 바로 성공하는 직장인이 될 수 있는 적기다

오랫동안 숙성된 지식과 경험들을 가진 전문가들이 다음 세대에게 양질의 노하우를 전수하면서 개인, 기업, 사회, 국가가 전체적으로 선순환 구조를 갖추게 되는 거죠.

어찌 보면 단순해 보이지만, 이 과정을 깨닫는 데 10년이라는 시간이 걸렸습니다. 중요한 것은 행동으로 실천하지 않는다면 삶이 변화하지 않는다는 것입니다. 이 책에서 배운 것이 무엇인지, 또 이것을 앞으로 어떻게 행동으로 옮길지를 제게 전달하는 것부터 시작해 보세요. 이 책 한 권으로 여러분의 삶에 작은 변화를 만들 수 있을 것이라고 믿습니다.

월급
기본적인
노동의 대가를
받는다.

인세
출간 계약과
도서 판매로
수익을 얻는다.

강연
양질의 포트폴리오를
통해 강연과
교육프로그램을
운영한다.

칼럼 기고
신문, 잡지 등에
칼럼을 기고하거나
인터뷰를 한다.

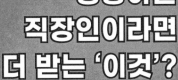

성공하는 직장인이라면 더 받는 '이것'?

**개인
브랜딩**
회사의 매출을
높일 수 있는 추가
수익원을 찾는다.

인맥 관리
사업상 제휴할 수
있는 다양한 인맥을
얻고 수익을
얻는다.

**온라인
비즈니스**
SNS, 유튜브, 어플리
케이션 등에서
수익을 발생시킨다.

정부지원
정부의 지원을 받아
서 창업이나 프로젝
트를 진행할
수 있다.

CHALLENGE
CHALLENGE
CHALLENGE

2

── chapter ──

또 다른 길에서

취업 뽀개기

1

사람이 보이면
꿈과 목표가 보인다

배운 적도 없는데
꿈은 어떻게 찾나요?

어린 시절을 생각해 보면 우리는 모두 꿈이 많은 존재였어요. 하지만 시간이 지나며 중·고등학교를 거쳐서 대학생이 되고 취준생이 되면서부터 꿈을 잊었어요. 꿈을 꾸더라도 개인의 자아실현보다는 안정적인 직업을 갖는 것, 그 자체가 목적으로 바뀌었죠.

빈칸을 채워 보자.

1. 왜 꿈을 꿔야 하는 걸까?

2. 어떻게 꿈을 꿔야 하는 걸까?

그래서인지 대부분 대기업이나 공기업에 입사하거나 공무원이 되는 것을 목표로 살아갑니다. 좋은 시험점수를 받고 안정적인 직업에 취업해야 한다는 비슷비슷한 목표를 세웁니다. 안정적인 직업은 남지만 개인의 삶과 꿈은 없어진 거예요. 높은 경쟁률을 뚫고 대기업과 공기업에 취업하거나 공무원 시험에 합격하면 꿈은 이루어진 것이고, 취업에 실패하면 인생의 낙오자가 되는 거죠.

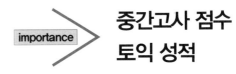

내 꿈과 자아실현을 위해서
어떤 방향으로 나아가야 할까?
그 방향으로 가려면 무엇을
어떻게 준비해야 할까?

importance >

**중간고사 점수
토익 성적**

B 우리는 꿈이 뭔지,

U 어떻게 찾아야 하는지도,

T 배운 적이 없다.

제가 또 다른 길을 처음 걷겠다고 생각하면서 가장 먼저 공부했던 것은 '꿈을 꾸고 목표를 세우는 것'이었어요. '꿈꾼다'는 건 좋은 스펙과 학점으로 주변에서 안정적이라고 말하는 분야에 취업하는 것은 아니었어요. 스스로 무엇을 위해서 살아갈지 정하는 것이었죠. 학교성적과 스펙을 떠나, 거창한 꿈이 아니어도 적어도 무엇을 하면서 살고 싶은지 자아실현과 진로에 대해 알아보고 최소한의 목표를 정하는 것이었습니다.

좋아하는 아이스크림을 찾듯이
진로를 찾아야 한다

질문 1

멜론맛과 수박맛 아이스크림이 있다. 둘 중 어떤 게 더 맛있을까?

① 둘 다 먹어 본다.
② 먼저 먹어 본 친구에게 물어본다.

힌트

직접 먹어봐야 어떤 것이 맛있는지 알 수 있다.

질문 2

수박맛, 멜론맛, 사과맛, 포도맛, 우유맛 아이스크림이 있다.
어떤 아이스크림이 제일 맛있을까?

① 일단 다 사서 먹어 본다
② 먼저 먹어 본 친구에게 물어본다.

힌트

답을 고르는 문제에서는 모든 보기가 정답일 때도 있다.

우리가 꿈을 찾고 진로를 찾는 것도 좋아하는 아이스크림을 찾는 것과 같아요. 어떤 아이스크림이 맛있는지 알기 위해서는 아이스크림을 직접 먹어 볼 수도 있고, 내 입맛을 잘 아는 친구에게 물어 볼수도 있습니다. 진로를 선택할 때도 마찬가지예요. 직접 관련 분야에서 일해 보거나 책, 유튜브 등을 통해 간접 경험을 쌓다 보면 내게 맞는 또 다른 길을 찾을 수 있습니다. 이러한 경험을 쌓을 수 있는 다양한 형태의 교육이 많아질수록 진로를 찾는 데 도움이 됩니다.

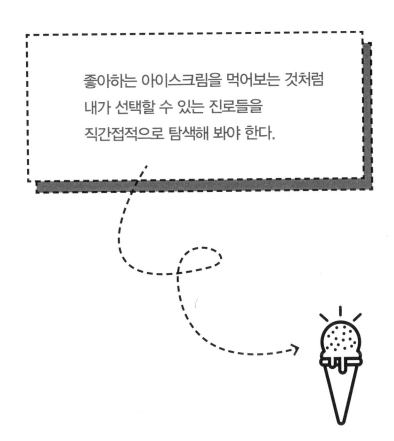

좋아하는 아이스크림을 먹어보는 것처럼
내가 선택할 수 있는 진로들을
직간접적으로 탐색해 봐야 한다.

'나도 이렇게 살아보고 싶다'는 생각이 든다.

멋진 나의 모습이 구체적으로 머릿속에 생생하게 그려진다.

실현할 수 있는 방법을 찾아본다.

**자아실현을 통해
자신의 분야에서
멋있게 살고 있는 사람들의
이야기를 많이 접할수록
쌓이는 긍정 루틴**

사람읽기가 뭐지?

자기계발에 제법 오랜 시간을 들여 보니 진로를 찾을 때 가장 효과적인 방법은 사람을 읽는 것이라는 생각이 들었어요.

• **사람읽기**: 이미 나보다 먼저 또 다른 길을 걸어간 사람들의 다양한 가치관과 삶의 모습을 책이나 강연, 동영상 등을 통해 경험하는 것

학교에 다닐 때는 자신의 삶과 일을 사랑하며 살아가는 사람들이 각 분야에 얼마나 있고 이들이 어떤 생각과 일을 하며 살아가는지 경험하기 어렵습니다. 당장의 영어, 수학 점수와 스펙 쌓기 그리고 가고 싶은 대학이라는 현실에 정신이 팔려 정작 중요한 진로선택에 도움이 될 개인의 꿈과 가치관에는 관심을 두지 않아요.

**삶의 의욕이 없는 사람도
사람읽기를 하다 보면
하고 싶은 게 생긴다.**

정해진 길에서 경주마 달리듯 할 때는 스펙과 학벌이 중요했지만 사람읽기를 하면 이제 그것이 전부가 아니라는 것을 알게 됩니다. 따라서 실패하더라도 세상에는 자신의 가치관에 맞는 다양한 기회가 존재한다는 사실을 깨닫게 됩니다.

사람읽기를 통해
달라진 꿈이 생긴다

저는 24살이 되어서 처음 스스로 제 삶과 꿈에 대해 적극적으로 알아보기 시작했어요. 처음 사람읽기를 시작할 때는 막막했어요. 중학교 때부터 10년 넘게 초등학교 선생님이 되겠다는 꿈을 꿨는데 이제 와서 다른 진로를 찾는다는 것이 이미 너무 늦은 것은 아닌지부터가 고민이었죠. 국 · 영 · 수처럼 '꿈'이라는 과목이 있었던 것도 아니니 어떻게 꿈꾸고 살아가야 하는지도 알 수 없었어요.

꿈꾸는 법을 제대로 배운 적이 없기 때문에 꿈과 관련된 책이나 잡지를 읽고 세미나를 찾아보거나 인터넷을 검색하는 등 할 수 있는 방법은 다 동원해야겠다고 생각했습니다. 평생 안 보던 책도 읽게 됐죠. 독서량이 늘어나면서 다양한 삶의 모습을 알게 되었고, 초등학교 선생님에만 한정되었던 제 꿈을 다시 한번 정의해 볼 수 있었어요.

또 다른 길에 선 저는 교육자가 되고 싶었습니다. 교육자라고 하면 이전에는 학교 선생님을 떠올릴 수밖에 없었기 때문에 임용고시에 합격해야겠다고만 생각했는데, 또 다른 길에서도 사회적으로 가치 있는 교육을 하시는 분들이 많았습니다. 저는 학벌과 스펙을 떠나서 자신이 좋아하는 일을 할 수 있는 방법을 알려주고 그에 맞는 환경을 제공하는 교육자가 되고 싶었어요.

사람이 보이면
나만의 꿈이 보인다

꿈을 찾기 시작한 24살 때부터 책과 강연, 세미나, 인터넷 영상을 통해 3,000여 명의 사람들을 알게 됐어요. 책을 읽다가 실제로 만나보고 싶은 사람들이 생기면 직접 그의 강연에 참여하거나 SNS를 통해 책을 보고 느낀 점을 보내기도 했습니다.

제가 만나고 싶었던 사람들은 주로 사회적으로 인정받고 능력 있는 사람들이기 때문에 바빴어요. 반면에 저는 어떤 지위나 특별한 능력이 있는 것이 아니었기 때문에 그분들이 시간을 내서 저를 만날 이유가 없었죠.

좀 더 심층적인 사람읽기를 하기 위한 방법

1. 진심을 담아 식사자리를 제안한다.
2. 어떻게 꿈을 찾고 이룰 수 있었는지 인터뷰한다.
3. 책을 보고 궁금했던 점을 미리 적어 가서 질문한다.
4. 배운 것은 바로 실천에 옮긴다.

과외를 하면서 현실성도 챙기려 했지만 사실 돈을 크게 모으지는 못했어요. 부모님과 주변 사람들이 걱정을 많이 했죠. 이렇게 사는 것이 안정적이지는 않으니까요. 하지만 신기하게도 자신의 꿈을 이룬 사람들을 알게 되고 그들이 이룬 꿈을 접하게 되면서 새로운 꿈들이 제 마음속에 자리 잡기 시작했어요. 고정관념도 깨졌어요.

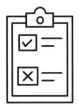 어떤 직업을 얻기 위해서
관련 학과를 졸업해야 한다는 것은
고정관념이다.

읽은 사람의 수가 늘어나면서 제가 하고 싶은 일과 직업이 보이기 시작했어요. 그것을 어떻게 해야 이룰 수 있는지 그 과정도 그릴 수 있었죠. 이제 행동할 것과 노력할 것들이 남은 것이죠.

지금은 이때 꿨던 꿈들을 100%는 아니지만 많은 부분들을 이루었고 저의 방향 선택이 괜찮았다는 사실도 깨달았어요. 원하는 일을 하면서 돈을 벌고 인정받게 되면서 고되고 힘들어도 감사한 마음으로 일합니다. 이 모든 것이 꼭 사회가 강조하는 정해진 길로만 갈 필요가 없고, 삶과 꿈을 위해서 사람읽기를 해야겠다고 마음먹고 나서 생긴 일이에요.

미리 알림.
지금 당신이 걷기 시작한 또 다른 길이
때로는 남들에게 뒤처지고 빙빙 돌아가는 길로
보이겠지만 실제로는 전혀 아니라는 사실.

꿈이 생기면
목표가 보인다

사람읽기를 하면서 여러 길들을 보게 된 뒤에는 대기업, 공기업에서 일하거나 공무원이 되지 않더라도 다양한 길이 있고 모두에게 기회가 있다는 것을 알려주는 '학교 밖 교육자'가 되고 싶었어요. 진심으로 해 보고 싶은 일이 생긴 거죠. 그리고 제가 또 다른 길에서 취업하고 잘되는 것을 보여줘야 적어도 이 주제에 대해 말할 자격이 있다고 판단했어요.

사람을 읽으며 배운 것 중에 가장 중요한 것은 개인이든 기업이든, 제품과 서비스, 자신이 가진 능력을 제대로 알리지 못하면 잘될 수 없다는 것이었습니다. 그리고 저는 제품, 서비스, 개인의 잠재력을 알릴 수 있는 효과적인 방법은 온라인 채널들을 활용한 마케팅이라고 생각했어요. 그래서 온라인마케팅 분야로 취업을 해야겠다는 또 다른 길에서의 목표가 생겼습니다. 꿈이 생기니 여러 가지 목표들을 세울 수 있었던 거죠.

사람읽기를 하고 꿈을 찾고 난 뒤 세웠던 목표

1. 학벌과 스펙 없이 전략기획, 온라인마케팅 분야에 취업하는 것

2. 학벌과 스펙 없이 교육 · 자기계발 · 비즈니스 분야의 베스트셀러 작가가
   되어 전문가로 인정받는 것

3. 또 다른 길에서의 자기계발과 온라인마케팅 전문화교육, 취업을 돕는
   교육사업을 시작하는 것

4. 내가 좋아하는 일을 하며 경제적인 혜택을 가져가는 것

5. 내가 선택한 분야로 부모님께 인정받고 용돈을 드리는 것

6. 최고 사양의 노트북을 사는 것

7. 주말에 고급 호텔을 이용해 보는 것

8. 책을 읽고 싶은 만큼 마음대로 사서 읽는 것

9. 값비싼 식사를 해 보는 것

10. 취업 후에도 다양한 분야에서 일하는 분들을 만나서 사람읽기를 꾸준히
    하고, 세상을 더 넓게 바라볼 수 있는 지혜를 얻는 것

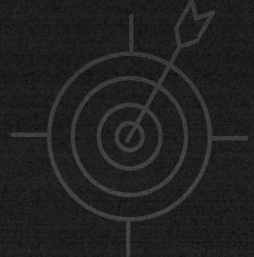

이렇게 전에는 한 번도 생각해 보지 못한 여러 가지 목표들이 생겼어요. 그리고 시간이 지나서 이 목표들을 대부분 이뤘고 또 다른 목표들이 생겼죠. 이렇게 저는 다른 사람들이 다 말리는 비현실적인 길을 걷기 시작했습니다.

무엇보다 중요한 것은
사람읽기를 하고, 꿈을 찾고, 목표를 보고,
그것을 오랜 기간 동안 꾸준히 노력해서
이루는 삶을 살아야 한다는 것이다.

사람을 읽으면 취업하는 데 필요한 힘을 키울 수 있다

사람읽기와 여러 가지 자기계발을 하면서 얻을 수 있는 것은 꿈과 목표뿐만이 아니었어요.

첫째, 에너지와 자신감이 생깁니다.

정해진 길을 걸어갈 때는 '성적이 망하면 내 인생도 망하는 거구나', '좋은 대학에 가지 못하면 내 인생도 끝나는 거구나'라고 생각했고, 수능 전날 밤에는 온몸이 긴장되서 잠도 잘 오지 않았어요. 정해진 길에서 실패를 하더라도 희망이 있고 꿈을 찾고 이룰 수 있는 다양한 방법이 있어요. 이것을 알고 나면 실패를 두려워하지 않게 되고, 나보다 어려운 환경에 있는 사람들이 자신만의 길을 걸어가는 것을 보면서 에너지와 자신감이 생기죠.

둘째, 다양한 길이 훨씬 많다는 사실을 알게 됩니다.
그만큼 기회가 생기고요. 사람읽기를 하면 할수록 생각보다 현실성을 만족시키며 살아갈 수 있는 여러 방법이 있다는 것을 이해하게 됩니다. 그리고 그 과정이 쉽지 않다는 것도 알게 되죠. 희생과 치열한 노력이 필요한 거예요. 더불어 또 다른 길에서 성공한 사람들은 평생 공부하고 자신의 분야에서 몰입했다는 것도 알게 됩니다.

셋째, 사회생활에서는 커뮤니케이션이 매우 중요하다는 것을 배우게 됩니다.
그동안은 나 혼자 잘해서 높은 점수를 받으면 되었지만, 또 다른 길에서는 사람읽기를 통해 다양한 커뮤니케이션을 배우게 돼요. 책을 쓴 사람을 직접 만날 때도 상황에 맞는 커뮤니케이션이 필요하죠. 직장에 취업하거나 사업을 할 때도 100% 혼자 힘으로 할 수 있는 일은 잘 없습니다. 다른 사람과의 협상으로 서로 도움을 주고받으면서 일을 진행해야 더 좋은 결과를 얻을 수 있어요.

넷째, 적어도 해 보고 싶다고 생각하는 것이 생깁니다.

'나는 이것이 사명이고 천직이야'라고까지 말할 수는 없지만 어떤 일에 재미를 느끼면 한번 경험해 보고 싶다는 생각이 들어요. 도전하고 싶은 의욕이 생기는 거죠. 그래서 관심이 있는 분야에서 최소 아르바이트나 인턴을 하면서 공부하고 실전경험을 쌓게 됩니다.

다섯째, 인과법칙을 통해서 자신감이 자라요.

사람읽기를 하면 그 사람이 현재 이룬 결과뿐 아니라 그 결과를 만들기까지의 과정과 노력을 배우게 돼요. 그리고 내가 그 길을 간다면 어떤 순서로 목표들을 이뤄야 하는지 알 수 있습니다. 해당 분야에 대한 사람읽기를 많이 하면 당연히 그 정확도는 더 올라가겠죠?

취업시장에서 요구하는 능력들은 또 다른 길에서 사람읽기를 하면 다 키울 수 있다.

창의력과 잠재력, 협동심과 커뮤니케이션, 지원동기와 진정성 등의 요소들은 사람읽기를 하며 자기계발하는 모든 과정에 활용되고 향상됩니다. 정해진 지식이 아니라 자신이 필요한 것을 얻기 위해 능동적으로 움직여야하기 때문에 문제해결력까지 키울 수 있죠. 그리고 이것은 모두가 똑같이 할 수 있는 것이 아니라 개인이 행동하는 방향에 따라 쌓이는 경험이 다르고, 긴 시간 동안 노력해야 하는 부분이기 때문에 진정성, 성실성 그리고 경험에 의한 차별성을 굳이 말로 하지 않아도 보여줄 수 있죠.

사람읽기는 버티기를
가능하게 한다

어떤 것이든 쉬운 일은 없어요. 아무리 자신이 선택한 길이어도 힘든 순간들이 많이 찾아오곤 하죠. 몸이 힘들 때가 있고, 마음이 힘들 때가 있어요. 이때 이루고 싶은 비전과 꿈 그리고 목표를 떠올리면 방향성을 잃지 않고 오랫동안 버틸 수 있는 힘을 갖게 됩니다. 이루지 못할 것 같은 일이 있어도 마음속에 나와 같이 또 다른 길을 갔던 사람들의 과정과 결과를 되새기며 동기부여할 수 있고요.

또 다른 길에서 성공한 사람들은 학벌과 스펙이 아니라 가장 먼저 내가 어떤 사람이 되고 싶은지, 어떤 일을 하고 싶은지, 무엇을 위해서 살아가고 싶은지를 먼저 찾습니다. 이 과정을 제대로 거치면 비단 취업에 성공하는 것뿐만 아니라 깊은 뿌리를 땅에 박고 비바람이 몰아쳐도 흔들리지 않는 튼튼한 나무처럼 삶을 살 수 있게 됩니다.

진짜 자기계발로

취업준비하기

2

앞에서 또 다른 길에서 자신만의 길을 가기 위해서는 당장의 시험점수와 스펙보다 사람읽기를 통해서 꿈과 목표, 적어도 자신이 하고 싶은 일을 찾아야 한다고 말씀드렸어요. 사람읽기를 하면 하고 싶은 게 생긴다고도 말씀드렸죠. 그러면 이제 사람읽기를 해서 하고 싶은 일을 찾았고, 그 일이 왜 좋은지, 왜 하고 싶은지에 대한 생각을 정리하는 데까지는 왔는데, 구체적으로 어떤 노력을 해야 할지 막막하다는 분들이 계실 거예요.

저도 또 다른 길이 있다는 것을 알고 꿈을 찾기 시작했을 때 시행착오를 많이 겪었어요. 그래서 제 경험을 솔직하게 말씀드리고, 오랜 시간을 들여 노력한 끝에 정립한 저만의 자기계발방법을 알려드리면 도움이 될 수 있겠다는 생각을 했습니다. 여기에서는 제가 하고 싶었던 일을 찾아갔던 과정을 소개하고 그에 따른 노하우를 알려드리고자 합니다. 그리고 그것이 어떻게 우리가 그토록 원하는 취업으로까지 연결될 수 있었는지도 말이죠.

___

취업이 되는 책읽기는
모든 것이 다르다

여러분은 책 읽는 것을 좋아하시나요? 사실 저는 대학교 때까지 책을 제대로 읽어본 적이 없었어요. 학교를 다니면서도 도서관에 가본 적이 거의 없었죠. 책 읽는 것은 재미가 없어 보였어요. 정말 우연히 어려운 책을 읽게 되면 저도 모르게 스르르 잠이 들었고요. 독서는 마음의 양식이라는 말이 있지만 크게 와 닿지는 않았죠. 책을 읽으며 산다는 건 저와는 다른 세상의 이야기 같았죠.

책 읽기를 싫어한다면 꾹 참고 이 파트까지만 읽고 바로 실천해 보자.

지금은 바쁘게 회사를 다니면서도 책을 읽기 위해 노력하고 시간이 허락한다면 되도록 매주 한 번씩은 서점에 들러 시간을 보냅니다. 또 이렇게 책 쓰기에도 도전하고 있고요. 책과는 전혀 상관없던 삶을 살던 제가 이렇게 바뀐 이유가 궁금하시지 않나요?

대학교 졸업하기 전 또 다른 길을 가야겠다고 결심한 저는 절망을 느끼면서도 간절했어요. 같이 학교를 다니던 동기들은 하나둘씩 임용고시에 합격하면서 초등교사의 꿈을 이어간 반면, 저는 그저 길을 이탈한 인생루저였죠. 저만의 다른 길을 찾고 싶었지만 무엇을 어떻게 해야 할지 몰랐어요. 다들 제가 현실을 외면하고 방황하는 이상한 사람이라고 생각했을 거예요. '지금 와서?' 이런 생각을 했을 수도 있고요.

그 상황에선 무엇이라도 해 봐야 했어요. 그때 제 손에 잡힌 것이 책이었습니다. 정말 우연히 몇 편의 자기계발 관련 영상과 책을 접하게 되었는데 난생처음으로 책을 더 읽어보고 싶다는 생각이 든 거예요. 20년을 넘게 살았는데 처음으로 말이죠.

본격적인 책 읽기를 시작할 때부터 효과적인 방법으로 책을 읽은 것은 아니에요. 많은 책을 읽고 여러 번의 시행착오를 겪은 끝에 취업에 도움이 되는 3가지 독서법을 갖게 되었죠.

책 읽기가 두려운 당신도

3가지 독서법만 알면 꾸준히 책을 읽을 수 있다.

사람읽기 독서법

한 권의 책을 읽는 것은 한 사람과 대화를 나누는 것과 같았어요. 새로운 책을 한 권씩 펼 때마다 다른 경험을 가진 새로운 사람들을 만날 수 있었죠. 제 몸은 청주에 있었지만 국내뿐 아니라 전 세계에서 자신만의 꿈을 갖고 목표를 달성하는 사람들을 만나며 여행 다닐 수 있었어요. 시간과 공간의 벽을 허물고 때로는 조선시대 위인들과 대화를 나누기도 하고요. 그렇게 책을 통해 사람읽기를 하면서 '기회'가 있다는 것을 알게 되었어요. 학벌과 스펙이 부족해도 자신이 원하는 일을 하면서 살아갈 수 있는 기회 말이죠. 자신의 분야를 개척하기 위해서 무엇이 필요한지도 알게 되었어요. 저는 '이렇게 살기 힘든 세상에서 내세울 만한 학벌과 스펙이 없고 경제적으로 부족해도, 맨손으로 자신의 분야에서 인정받은 사람이 있을까? 사회적 기여를 하는 사람이 있을까? 자수성가한 사람들이 있을까?'라는 질문을 던지면서 책을 읽기 시작했습니다.

먼저 저자소개를 봅니다. 저자소개에는 저자의 경험과 노하우들이 요약되어 있어요.

그 사람이 어떤 삶을 살았는지, 그만의 노하우는 무엇이었는지, 어떤 생각과 말을 하며 살았는지, 책을 넘기면서 저자와 대화를 나눴어요. 처음에는 최대한 다양한 분야를 접해 보는 것이 좋고, 관심분야가 생겼을 때 해당분야로 범위를 좁혀서 책을 찾아보는 것도 괜찮은 방법입니다.

이 사람이 내가 찾는 사람이라면 그 책을 읽고
그렇지 않다면 과감히 책장을 덮어라.

물음표 독서법

서점에 가면 막상 어떤 책을 읽을지 고민이 됩니다. 서점 판매대에 놓인 책을 뒤적이며 손에 잡히는 대로 이 책 저 책 고르다 보면 왜 책을 읽는지도 모르는 상태에서 책을 읽게 되고 삶이 바뀌지도 않습니다. 적어도 취업을 준비하면서, 실전 자기계발로 삶을 구체적으로 성장시키고 바꾸고 싶다면 서점 문을 열고 들어가기 전에 마음속에 단 하나의 물음표를 품고 있어야 합니다. 바로 '나는 무엇을 위해서 책을 읽는 거지?'입니다. 그리고 그 물음에 답을 주는 책만 선택해서 서점을 나서야 합니다.

스스로에게 물어보자.
나는 무엇을 위해서 책을 읽는 거지?

꿈은 어떻게 찾아야 하지?

스펙과 학벌 없이 취업을 하려면 무엇이 필요하지?

맨손으로 자수성가한 사람이 있을까?

힘든 상황에서도 자신의 꿈을 지키며 살아가는 사람들이 있을까?

영업과 세일즈는 어떻게 하는 거지?

내가 하고 싶은 일을 찾으려면 무엇이 필요하지?

저는 도서관과 서점에 갈 때마다 나만의, 단 하나의 물음표를 머릿속에 넣고 책을 고르고 읽었어요.

실천하는 독서법

책을 읽으면서 삶을 변화시키려면 배우고 느낀 것을 실천하는 것이 무엇보다 중요합니다. 책을 몸으로 읽어야 해요.

• **책을 몸으로 읽다**: 책을 읽으면서 떠오른 실천할 만한 아이디어를 책 여백에 적고 이를 삶에 반영한다.

책을 쓴 사람들은 보통 나보다 훨씬 더 많은 공부를 하고 이를 통해 쌓은 노하우를 책에 담습니다. 그래서 책을 읽으면서 의식의 수준이 높은 작가의 조언을 듣다 보면 실천할 거리들이 생기기 시작해요. 책을 덮었을 때 머릿속에 단순한 지식뿐 아니라 적어도 무언가를 해야겠다는 생각이 남아야 하고 그것을 바로 실천에 옮겨야 합니다. 단 한 가지라도 말이죠.

행동하지 않는다면 책을 읽어도, 읽지 않아도 삶은 달라지지 않습니다. 자기계발 관련 책을 읽으면서 내용이 뻔하다고 하는 분들도 있어요. 하지만 그 뻔한 내용을 계속 상기시키면서 실천에 옮기는 사람들은 극히 드뭅니다. 같은 책을 읽더라도 배운 것을 실천하는지에 따라 삶의 모습이 크게 차이가 난다는 것입니다.

자기계발서의 약발을
제대로 받으려면 비타민 챙겨 먹듯이
매일매일 읽고 실천해야 한다.

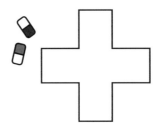

사람읽기 독서법, 물음표 독서법, 실천하는 독서법을 반복하다 보면 기준 없이 책을 읽는 것보다 더 효과적으로 책을 읽을 수 있고 그에 따라 삶을 발전시킬 수 있습니다. 그리고 3가지 독서법을 반복하면서 얻은 삶의 변화와 경험을 어딘가에 기록하며 이어 나간다면 취업시장에서 요구하는 잠재력이 높고 차별성 있는 인재가 될 가능성이 높습니다. 책을 읽고 실천하는 과정에서 학습욕구, 문제해결력, 창의력, 성실성 등 취업할 때 필요한 역량이 다 발휘되기 때문이에요. 말이 아니라 자기소개서를 통해, 경험과 기록으로 그것을 보여주기만 하면 됩니다.

사람마다 책을 읽거나 읽지 않는 데에는 여러 가지 이유가 있겠지만 제가 책을 읽는 이유는 취업이 되는 자기계발방법 중 하나가 독서이기 때문이었습니다.

책 읽기가 어려우면
어떻게 해야 할까?

막상 자기계발을 하기 위해 책을 읽으려고 하면 책이 잘 읽히지 않는 경우가 있어요. 얇고 쉬운 책이 아니라 두껍고 어려운 책을 처음부터 끝까지 꼼꼼하게 읽으려고 하는 경우가 그렇습니다. 혹은 책을 읽는 습관이 아직 제대로 형성되지 않은 경우일 거예요. 그럴 때는 억지로 책을 읽기보다는 다른 방법을 써야 합니다.

다음 중 어떤 것이 편한가?
책 vs 유튜브 ▶
당연히 유튜브 압승이 아닐까 한다.

읽고자 하는 책을 유튜브에서 검색해서 짧은 영상으로 접해 보는 것도 좋은 방법이 됩니다. 책을 읽기 전에 짧은 영상으로 책의 전체적인 이야기를 먼저 보는 방식인데 전체 내용을 이해한 상태에서 책을 보면 책이 더 잘 읽히거든요. 책이 술술 넘어가야 자신감이 붙기 때문에 영상을 먼저 보고 책을 읽는 것이 한 가지 방법입니다.

난 책은 도저히 안 되겠어!

영상만 골라보는 것도 괜찮습니다. 저자의 이름을 유튜브 검색창에 입력하면 관련 영상들이 나옵니다. 각종 인터뷰나 강연 콘텐츠들을 통해 짧은 시간 내에 책을 읽지 않고도 저자의 지식과 노하우를 배울 수 있죠. 또 유튜브 알고리즘에 따라 함께 나오는 연관 콘텐츠로 내가 그동안 몰랐던 사람들을 만나게 되기도 해요. 이렇듯 다양한 사람들의 이야기를 통해 추가로 사람읽기를 할 수 있습니다. 인상 깊게 본 콘텐츠를 만든 사람의 책을 서점에서 찾아볼 수도 있을 거예요. 찾아보려고 하는 저자의 영상 콘텐츠가 없다면 포털에서 저자나 책 이름을 검색해서 관련 기사를 살펴보는 것도 방법입니다. 저자가 운영하는 카페나 웹사이트가 있다면 방문해 보기도 하고요.

책을 읽어도 좋겠지만 도저히 책이 읽히지 않는다면 위와 같은 방법으로 자기계발을 하면서 다시 독서에 도전하거나 독서 없이 자기계발을 해도 괜찮습니다. 중요한 건 자신에게 맞는 자기계발방법을 찾고 이를 통해 사람을 읽고 성장해 나가는 것입니다.

오프라인에서 저자를 만나보자

취업을 준비하면서 책을 읽고 동영상이나 기타 인터넷 자료들을 보다 보면 마음속에 크게 와 닿는 책과 작가가 생길 것입니다. 이때 저자의 오프라인 특강이나 세미나에 참여하는 것이 또 다른 기회가 됩니다. 책의 내용을 더 생생하게 배울 수 있고 저자와 새로운 관계를 맺을 수도 있습니다. 저는 참여하는 오프라인 특강과 세미나마다 강연이 끝나면 강연자에게 인사하고 명함을 받으면서 제 존재를 상대방에게 알렸어요.

이것을 반복하다 보면 지금 당장 내밀 수 없는 명함은 없더라도 또 다른 길에서 스펙과 학벌 없이 자신만의 길을 개척한 각 분야의 전문가들과 관계를 맺고 이어갈 수 있습니다. 자기계발을 하기 전과 후를 비교해 보면 나를 둘러싼 인간관계가 발전하게 되는 거죠.

꿈을 이루어가고 있거나
이룰 수 있다고 이야기하는 사람을
주변에 두고 소통하는 삶을 살자.

요즘에는 알라딘 같은 서점 사이트에 저자의 강연회 소식이 공지로 올라오기도 해요. 카페나 웹사이트를 직접 운영하면서 독자와 소통하고 양질의 교육프로그램을 운영하는 저자들도 많죠. 저는 평소 만나고 싶었던 저자의 특강을 듣기 전날 밤에는 설레서 잠을 이루지 못하고 뒤척인 적도 많았어요. 이러한 과정을 반복하면 좀 더 현실감 있게 자기계발을 할 수 있고, 삶을 실질적으로 발전시키는 데 동기부여를 할 수 있습니다.

취업과 자아실현은
따로국밥이 아니다

꿈을 찾는 과정에서뿐만 아니라 직장인이 되어서도 중요한 것이 있는데, 바로 경험을 사색하고 기록하는 것입니다. 경험은 기록하지 않으면 그냥 사라져 버리고 맙니다. 인터넷이 발달하고 스마트폰을 자유롭게 활용할 수 있는 요즘에는 자신의 경험을 SNS나 블로그에 꾸준히 업로드할 필요가 있어요. 꿈을 찾아가는 순간의 생각과 감정, 배운 것을 차근차근 누적하면 자신의 잠재력을 증명할 수 있는 좋은 방법이 됩니다.

자신의 경험과 생각을 언제 어디서든 보여줄 수 있도록 준비해야 합니다. 그러기 위해서는 내 삶의 콘셉트가 있어야 하죠. 자신이 배운 것과 그에 따른 생각을 잘 드러낼 수 있는 요령과 기술도 배워야 하고요. 시작은 조금 부족하더라도 일기 쓰듯이 써 내려가면 됩니다. 블로그에 글을 쓰거나 인스타그램과 페이스북에서 활동할 수 있어요. 유튜브 영상을 만들어볼 수도 있겠죠.

처음에는 꿈을 찾아가며 자신의 이야기를 적는 것이 단순히 취업을 위한 준비일 수 있겠지만, 직장인이 되면 연봉이 2배로 오르는 노하우가 되기도 하고, 은퇴할 때쯤이면 든든한 노후를 위한 자산이 될 수도 있어요. 적었던 것들을 보며 다시 한번 사색하기도 좋고요.

또 다른 길에서의 취업준비는 사람을 읽고 기초역량을 쌓는 과정이 연속됩니다. 그리고 이 과정이 또 다른 길에서 가장 중요한 첫 단계이기도 해요. 다만 혼자 시작하려면 항상 막연함이 있을 수밖에 없을 거예요. 그동안 어디에서 배우거나 들어본 적도 없을 테고요.

그럴 때는 제가 운영하는 네이버카페에 오셔서 인사를 남겨 주세요. 어떤 사람을 만났고 어떤 노력을 하고 있는지도 알려 주세요. 저는 꿈을 찾아가는 데 도움이 될 만한 좋은 글과 자료로 힘을 보태고 여러분의 또 다른 길을 꾸준히 응원하겠습니다.

3

스펙, 학벌 없이도

취업에 성공하는 공부법

나만의 대학을 만들다

사람읽기와 여러 가지 자기계발을 하다 보면 도전해 보고 싶은 분야가 한두 개 정도 정해질 거예요. 보통 어떤 분야에서 일하고 싶으면 먼저 관련 대학을 졸업해야 한다고 생각하게 됩니다. 그래야 관련 분야로 취업할 수 있는 전문성을 어느 정도 인정받을 수 있다고 생각하기 때문이에요. 그러나 일자리는 많지 않고 한정되어 있는데 많은 사람들이 대학에 진학하면서 학력인플레이션이 생겼습니다. 대학 졸업자의 희소성이 떨어지는 거죠. 거기다 대학에서 실무와 바로 직결되는 지식을 가르쳐주는 것은 아닙니다.

그래서 저는 마케팅, 특히 온라인마케팅 분야를 선택하면서 마케팅학과에 대해 알아보기보다는 대학에서 배우는 것 이상의, 실전에 바로 투입할 수 있는 지식과 경험을 습득해야겠다고 마음먹었어요. 나만의 대학을 만드는 거죠. 대학을 다니면서 읽는 전공 책 대신 사회에서 실전 전문가들이 써 낸 책더미를 통째로 다 읽어내겠다고 다짐했어요. 제대로 된 실전 경험을 가르쳐주는 분들의 가치 있는 특강이나 세미나에는 돈과 시간을 투자해서 꼭 배우겠다고 생각했죠.

전공 책 대신
실전 책을 읽다

우리가 대학에 다니는 가장 큰 이유 중 하나가 취업하기 위해서라고 하죠. 그래서 저도 그에 준하는 공부를 독서를 통해 해 보려고 했어요. 보통 대학을 졸업하기 전까지 20~40여 권 정도의 전공 관련 책을 본다고 생각하면, 저는 양질의 책을 50~300권씩 읽고 지혜를 얻는 것이죠.

서점과 도서관을 오가며 책을 통해 죽은 지식이 아닌 좀 더 생생한 경험과 노하우를 배우게 되니 정말 재미있었어요. 저자와 대화를 한다는 마음으로 책을 읽었습니다. 책을 읽으면서 생긴 궁금증은 다른 책을 읽게 하는 계기가 되었고, 한 권의 책으로 한 사람의 인생을 대신 살아볼 수 있었죠.

저자가 최소 5년에서 몇십 년 동안 쌓은 노하우들을 1만 5,000원에서 2만 원 정도의 책값으로 얻는 건 지식을 쌓는 데 가장 효과적인 방법이었어요. 그 돈도 부족할 때는 지역 도서관에서 무료로 책을 볼 수 있었고요. 이때의 독서가 마케팅 관련 학과를 나오지도 않고도 현재의 저를 있게 한 바탕이 되었습니다.

전문성을 쌓을 수 있는 7가지 독서법

책을 읽다 보니 같은 책을 읽더라도 왜 읽는지, 어떻게 읽는지를 알고 어떻게 활용하는지에 따라서 큰 차이가 있었습니다. 목표하는 분야를 선택한 후 책을 읽겠다고 마음먹은 분들을 위해서 몇 가지 노하우를 알려드리겠습니다.

첫째, 실전 경험을 쌓은 저자의 책을 읽어야 합니다. 제가 선택한 마케팅 분야에서는 이론뿐만 아니라 실전 경험을 가지고 있는 사람들의 노하우가 중요했어요. 그런데 책을 보다 보니 공유할 만한 노하우가 없거나 뜬구름 잡는 이론만을 강조하는 저자도 있었어요. 그래서 책을 고를 때에는 저자가 어떤 실전 경험과 노하우를 가지고 책을 쓰는지를 먼저 확인하게 되었습니다. 이렇다 할 경험 없이 쓴 사람들의 책은 다시 덮었죠. 현직에서 오랜 시간 동안 고생해서 얻은 양질의 노하우가 담긴 책을 50~100권 이상 읽으면 100여 명에 달하는 전문가의 실전 노하우들을 배우는 것과 같습니다. 저는 마케팅전문가가 되기 위해 마케팅과 브랜딩, 온라인마케팅 관련 책을 몇백 권 이상 읽었어요. 이때 읽었던 책을 몇 권 소개하겠습니다.

『부의 추월차선』 홈페이지를 대신 만들어주고 여러 어플리케이션 서비스를 런칭해서 30대에 백만장자가 된 온라인마케팅 사업가의 이야기를 담은 책이에요.

『고객의 80%는 비싸도 구매한다!』 가격이 저렴하다고 무조건 잘 팔리고 사업이 번창하지는 않는다는 사실을 알려주는 책이에요. 상품의 가치가 탁월하다면 가격이 비싸도 사람들은 구매한다는 것이죠.

『믿음을 파는 신뢰세일즈』 세계적으로 인정받은 마케터가 마케팅과 영업은 단순 판매가 아니라 소비자에게 필요한 정보를 제공하면서 신뢰를 주는 컨설팅이 되어야 하며 소비자 역시 그런 소비를 원한다고 알려주는 책이에요.

『비즈니스 모델 제너레이션 워크북』 세상에 존재하는 모든 사업모델들을 하나의 표로 쉽게 이해하고 개선할 수 있다고 알려준 책이에요. 해마다 사업모델을 연구하기 위한 워크숍이 열리고, 전 세계에서 각자의 사업모델을 연구하기 위해서 모인다고 합니다.

『100달러로 세상에 뛰어들어라』 전 세계에서 각 업종별로 소자본 창업을 통해 자신의 삶을 개척하는 사람들의 노하우를 담고 있어요. 적합한 재능과 온라인마케팅력이 있다면, 10만 원으로도 충분히 부업이나 창업을 해서 수익을 창출할 수 있다는 것을 알려줍니다.

사실 읽는 책마다 모두 소개한 것 같은 양질의 책들이었던 것은 아니에요. 그렇지만 여러 권 읽다 보면 두고두고 읽거나 제 전문성을 빠르게 성장시켜줄 책을 만나게 되었죠.

둘째, 많이 팔린 책보다는 자신에게 맞는 책을 읽어야 합니다. 서점에 가면 베스트셀러나 메인 판매대에 있는 책들이 있어요. 질이 좋아서라기보다는 출판사에서 적극적으로 마케팅을 하고 있는 책인 경우가 많죠. 그래서 눈에 띄는 여러 책들의 목차를 보면서 자신에게 맞는 책을 골라야 합니다. 책을 통해 무엇을 더 알고 싶은지 스스로에게 항상 물어보며 책을 골라야 하고요.

셋째, 책을 초록해야 합니다. 책을 읽기 전에 무엇을 목표로 책을 읽을지 생각한 후 전체를 다 정독하기보다는 필요한 부분만 발췌해서 읽고 기록하는 '초록법'도 실용적인 측면에서는 좋은 방법 중 하나예요. 이렇게 하면 자신이 정한 카테고리 안의 책을 통째로 읽을 수 있어요. 만약 마케팅 전문가가 되고 싶다면 도서관에서 마케팅 분야의 책을 초록 방식으로 모두 읽어보는 거죠. 초록을 하려면 지식을 습득하는 자신만의 기준이 있어야 해요. 저는 컴퓨터와 스마트폰의 발달로 인터넷을 통한 마케팅이 거래의 속도를 높여 주고 시간과 비용을 절감해 줄 수 있다고 판단했어요. 그래서 이를 기준으로 마케팅과 브랜딩 공부를 하고 이것을 SNS에 차곡차곡 기록해서 포트폴리오를 구성할 수 있었죠.

넷째, 저자의 SNS를 팔로우하고 관련 영상을 찾아봅니다. 책과 저자에게 관심이 있고 배울 만하다면 저자의 SNS를 살펴보세요. 그동안 올라왔던 글부터 하루하루 올라오는 글까지 주기적으로 보면서 페이스북, 유튜브, 인스타그램을 내가 배우고 싶은 사람들의 소식으로 가득 채웁니다. 책을 읽고 궁금하거나 더 알고 싶은 내용을 정리해서 메일을 보낼 수도 있죠. 또 유튜브나 네이버에서 저자의 강연영상을 찾아보면 책에 대한 이해도를 높일 수 있습니다.

다섯째, 도서관을 이용해 보세요. 여러 권의 책을 읽을 때는 경제적으로 부담스러울 수 있습니다. 돈을 벌면서 책을 사는 것이 좋겠지만 수중에 돈이 없다면 도서관에서 책을 빌려서 읽는 것도 좋은 방법입니다.

여섯째, 저자의 다른 책을 같이 읽어 봅시다. 영감을 주는 책들이 있습니다. 단순히 좋은 수준을 넘어서 의식의 수준을 다른 차원으로 높여주는 책 말이죠. 저는 그런 책을 쓴 저자의 다른 책이 있다면 몽땅 사서 읽거나 그가 운영하는 특강, 세미나 등 참여 가능한 모든 프로그램에 비용을 들여서라도 다 참석했습니다.

일곱째, 저자의 강연과 세미나에 가 봅시다. 여러 번 강조하듯이 저자의 오프라인 특강이나 세미나에 참여해 보는 것도 좋은 방법입니다. 저는 강연에 참여할 때는 읽은 책을 가져가서 사인을 받고 감사의 마음을 전하는 선물을 전달하면서 미리 적어둔 궁금했던 것들을 직접 묻기도 했어요. 식사를 대접하기 위해 귀중한 시간을 내달라고 부탁하고 식사 겸 인터뷰를 진행하기도 했습니다.

무료나 몇만 원 정도를 내는 세미나도 많이 들었는데, 2시간에 80만 원이었던 세미나가 제가 들었던 것 중에 가장 비싼 세미나였습니다. 여기에는 소상공인부터 중견기업까지 전국 각지에서 자신의 사업을 운영하는 분들이 참석했어요. 업종도 다양했죠. 수강생의 평균 매출상승폭이 80만 원이라는 돈보다 훨씬 컸기 때문에 80만 원이라는 비용도 저렴하게 느껴졌습니다. 반대로 작은 돈으로 들을 수 있었지만 책보다 깊이가 없고 실질적인 효과가 없는 뜬구름 잡기식의 이야기를 하는 세미나는 시간이 아깝고 오히려 비용이 비싸다는 생각까지 들기도 했어요. 세미나를 선택할 때에는 강사의 경력과 후기 등을 꼼꼼히 참고할 필요가 있습니다.

절대적인 가격으로 판단하지 말고 세미나를 통해 얻을 수 있는 효용가치를 생각하자.

대학 졸업장 없이도
취업시장에서 인정받는 공부란?

저는 학벌과 스펙 없이 앞에서 언급한 독서와 세미나를 집중적으로 파고들면서 포트폴리오와 자기소개서를 작성하여 여러 광고회사에 합격했고 온라인마케팅 분야에 취업할 수 있었습니다. 관련 대학을 졸업하지 않아도 원하는 곳에 취업할 수 있다는 것을 증명한 셈이죠. 또 제가 가르쳤던 많으

수강생들도 저와 비슷한 경험을 했습니다.

하지만 당시에는 몇십 만 원이 넘어가는 세미나에 투자하게 되면 고민이 많아졌습니다. 자기계발 비용을 마련하기 위해 과외를 하고 프리랜서로 온라인마케팅 일도 했지만 그때의 제겐 큰돈이고 부담일 수밖에 없었거든요.

가장 먼저 나에게 투자하자.
책을 사고, 세미나를 계속 듣고,
배우고, 행동하자.

이 생각을 되새긴 덕분에 지금 온라인광고대행사의 임원이 될 수 있었고, 제법 다양한 프로젝트를 성공적으로 진행할 수 있는 힘을 갖게 되었습니다.

정해진 길에는 일자리가 없었지만 또 다른 길에는 일자리가 많았어요. 무엇보다 가장 중요한 것은 학벌이 중요한 대한민국에서 그것이 다소 부족하더라도 충분히 성공할 기회가 있다는 것을 스스로 경험했고 이 경험을 바탕으로 다른 사람들을 도울 수 있었다는 것입니다. 마케팅 전문가가 되기 위해 토익을 공부하고 자격증을 따는 것이 아니라 마케팅 역량을 강화하고 증명하는 것을 1순위를 두고 달린 결과, 성공을 이끌어낸 것입니다. 정해진 길에서 좌절하는 분들에게 이 사실을 알려주고 싶어요. 사회가 정한 것이 아닌 자신이 만든 길을 걷겠다고 결심하는 분들이 많이 나오면 좋겠습니다.

학벌과 스펙 없이
한 분야의 전문가가 된 사람들

앞서 여러 번 말씀드린 것처럼 학벌과 스펙이 부족해도 전문가가 될 수 있다는 건 제가 새로 발견한 것은 아닙니다. 이미 오래전부터 누군가는 알고 행동해서 결과를 내고 있죠. 앞에서 살펴본 해리코리아의 김철윤 대표와 크리스 길아보의 사례가 대표적이에요. 학교에서 공부하느라 정신이 없었을 때는 이런 사람들이 세상에 존재한다는 것조차 몰랐어요. 제 삶의 꿈과 목표를 찾고 자기계발하며 알게 된 것이죠.

몸이 건강하고, 가능성이 있다는 것을 깨닫고, 무엇을 할지 결심하고, 자신만의 독서를 하고, 특강과 인터뷰, 세미나 등을 통해 공부해 나간다면 학벌과 스펙이 부족해도 누구나 원하는 분야에 취업할 수 있습니다. 지금 필요한 것은 책을 덮고 느낀 것을 바로 실천하는 행동뿐입니다.

4

실전경험으로

취업문 활짝 열기

책 읽기만큼 중요한
실전경험 쌓기

독서와 특강, 세미나를 듣는 것 외에 전문성을 바탕으로 취업하기 위해 반드시 거쳐야 하는 관문이 바로 실전경험을 쌓는 것입니다. 기업들은 경력자를 뽑거나 경력자 같은 신입을 좋아하죠.

경력자만 뽑는 취업시장….
나도 경력자가 되고 싶어!
신입은 대체 어떻게 경력자가 되라는 거야?

신입이 경력자가 될 수는 없죠. 그러므로 또 다른 길에서도 열심히 공부한 지식을 바탕으로 자신의 잠재력을 증명할 수 있어야 합니다. 단순한 일이라도 관련 분야의 경험을 쌓고 이를 자기소개서에 넣으면 자신이 해당 분야에 경험이 있고 잠재력을 갖추고 있다는 것을 증명하는 좋은 방법이 됩니다. 따라서 자신의 경력을 입증해 줄 회사를 찾아야 합니다. 그것이 꼭 정규직일 필요는 없어요. 관련 분야에서 단순한 아르바이트를 해도 좋고 공모전, 서포터즈, 산학협력, 인턴, 프리랜서 등 다양한 활동에 도전해 보세요.

처음 회사를 구할 때 가장 좋은 방법은 꿈과 목표를 쌓는 과정에서 만났던 다양한 분야의 리더 중 자신이 원하는 분야에 종사하는 분들에게 제안을 하는 것입니다. 책을 읽고 특강을 들으며 명함을 받은 분들 중 배우고 싶은 마음이 드는 분께 연락하는 거죠. 저 역시 온라인마케팅에 대한 전문성을 키우겠다고 마음먹은 뒤 이 방법을 쓰기로 하고 온라인마케팅에 특화된 회사에 연락했습니다. 그중 중소기업이었지만 개인의 노력과 성과를 객관적으로 인정하고 기회를 주는 회사문화를 갖춘 정글엠앤씨와 인연을 맺게 되었고요. 처음에는 일을 배우며 실전경험을 쌓기 위해서 수습기간을 두기로 했다가 회사와 제가 서로 마음이 맞아 바로 정규직으로 전환되었습니다. 보통 이 실전경험을 쌓기 위해서는 한 회사마다 3~6개월 정도 근무하며 3~4군데 회사를 경험해 볼 필요가 있습니다.

만약 자기계발하면서 만났던 분들에게 자신의 포트폴리오를 전달해도 취업이 쉽지 않다면 구인구직을 할 수 있는 사람인, 잡코리아, 알바천국, 잡플래닛, 리멤버와 같은 사이트에 프로필을 등록하는 것도 방법이 될 수 있습니다. 그리고 연락이 오기만을 기다리는 것이 아니라 먼저 선호하는 기업들을 찾아 지원해 보는 것이 좋습니다. 이때는 한두 군데가 아니라 능력이 되는 한 몇백 군데라도 지원해야 합니다.

회사를 고를 때는 첫째, 내가 배우고 싶은 사람이 있는지를 보고, 둘째, 합리적인 보수체계를 바탕으로 개인과 회사의 발전을 같이 도모하는지가 중요합니다. 처음 구직할 때는 정규직으로 취업하는 것을 우선시하는 것보다 인턴이든, 아르바이트든, 프리랜서든 단순한 업무여도 확실하게 일을 배우며 성장할 수 있는 곳을 찾는 것이 좋습니다.

회사들이 이렇다 할 반응을 보이지 않아서 실망할 수도 있겠지만 개인의 포트폴리오가 풍부해지고 실전경험까지 차곡차곡 쌓이면 그 인재를 원하는 회사들이 많아집니다. 저도 각종 독서와 세미나에서 배운 노하우로 프리랜서 활동을 하다가 구직을 하게 되었는데, 제가 찾았던 회사는 노력한 만큼 지속적으로 사업을 배울 수 있는 환경을 제공해 주고, 단순한 업무일지라도 제가 이룬 성과를 인정해 주는 곳이었습니다. 또 컴퓨터가 있는 제 자리가 있다면 생계를 유지할 수 있는 최저시급만 받아도 괜찮다는 생각이었습니다. 가고 싶었던 몇몇 회사에 직접 찾아가기도 했는데, 이러한 노력 끝에 제가 원하는 조건을 모두 받아주는 회사에 입사할 수 있었습니다.

최저시급   일을 배울 수 있는 곳

대학생이라면
산학협력제도를 적극 활용하자

**이런 게 마케팅이구나, 이제 조금 알 것 같아요.
학교에서 배운 것과 다른 것이 많아요.**

Chapter 1에서 잠깐 말씀드렸듯이 정글엠앤씨는 서울·경기권의 대학생들에게 회사에서 실습할 수 있는 기회를 제공하고 그에 따른 학점과 일정한 보수를 주는 산학협력제도를 운영하고 있습니다. 그래서 분기마다 마케팅 관련 학과 재학생이나 마케팅에 관심이 있는 대학생들이 그동안 공부했던 지식을 바탕으로 실전경험을 쌓고 갑니다. 보통 3~4개월 동안 진행되는데 이 과정을 통해서 정규직으로 전환이 되는 경우도 있어요. 또 실습 과정과 결과를 자기소개서에 넣어서 이름만 들어도 알 만한 몇몇 대기업에 취업하기도 합니다.

이들은 단순히 전공과목을 공부하는 데 그치는 것이 아니라 그것을 현실에 적용하면서 새로운 것을 배우고 부족한 것이 무엇인지 알게 되며 매일 실전경험을 쌓아갑니다.

산학협력제도의 긍정적인 영향

1. 실무를 접하면서 새로운 것을 배우고 부족한 것이 무엇인지 알게 된다.

2. 관련 수업에 더 집중이 잘된다.

3. 실습 프로젝트 등을 넣은 차별화된 자기소개서를 쓸 수 있다.

정규직과 나는 무엇이 다를까?

CEO 입장에서는 아르바이트나 인턴에게 단순한 일을 맡길 수밖에 없습니다. 고부가가치의 일은 그만큼 책임이 따르니까요. 아르바이트나 인턴을 하면서 정규직으로 일하고 있는 사람들이 어떤 경험과 역량을 가지고 있는지 살펴보고 그들이 나와 어떤 차이가 있는지 확인할 필요가 있습니다. 배우고자 하는 욕심이 있다면 업무는 업무시간에 마치고 퇴근 후나 주말에 관련 분야에 대해 추가로 공부하고 눈에 보이는 결과물을 내기 위한 노력을 기울여야 합니다. 궁금한 것은 회사 분들에게 물어보기도 하고요.

같은 아르바이트나 인턴이라도 노력하는 사람들은 회사의 CEO와 임직원들의 눈에 들어올 수밖에 없어요. 수습이나 정규직 제안을 받을 수 있는 기회도 기대 이상으로 많이 생길 것입니다. 또 그 회사에서 정규직이 되지 못하더라도 경험은 고스란히 남아 여러분이 전문가가 되는 데 도움을 줄 것입니다.

아르바이트도 떨어졌던 학생이
여러 회사에서 러브콜을 받은 이유는?

22살의 C씨는 부산에 있는 대학교에 다니다가 휴학했는데 마케터가 되고 싶다고 했습니다. 부산 소재의 여러 온라인마케팅 회사에 부지런히 지원했지만 관련학과를 다닌 것도 아니고 아직 졸업도 하지 않아서인지 면접만 간혹 잡힐 뿐 정작 뽑아주는 회사는 없다고 했죠. C씨는 자신의 생계를 스스로 책임져야 하는 상황이었기 때문에 일을 해야 했고 당장 할 수 있는 것은 웨딩홀 아르바이트였습니다. 아르바이트를 하고 남는 시간을 활용해 원하는 온라인마케팅 분야에 도전하며 어려움을 겪고 있었던 것입니다.

저는 C씨에게 사람읽기에 대해 알려주고 양질의 책을 추천해 주면서 자기계발부터 취업까지 할 수 있는 일종의 교육프로그램을 운영하기 시작했습니다. 교육한 지 한 달 정도 지나니 기본적인 페이스북과 인스타그램 마케팅, 브랜드 블로그 운영과 블로그 체험단 및 몇 가지 바이럴마케팅 경험을 쌓게 해 줄 수 있었습니다. 그 자료를 바탕으로 자기소개서를 수정하고 포트폴리오를 구성하여 다시 구직활동을 하니 이번에는 면접 연락도 많이 왔고 같이 일해 보자고 하는 회사들이 늘어났습니다. 불과 몇 개월만에요.

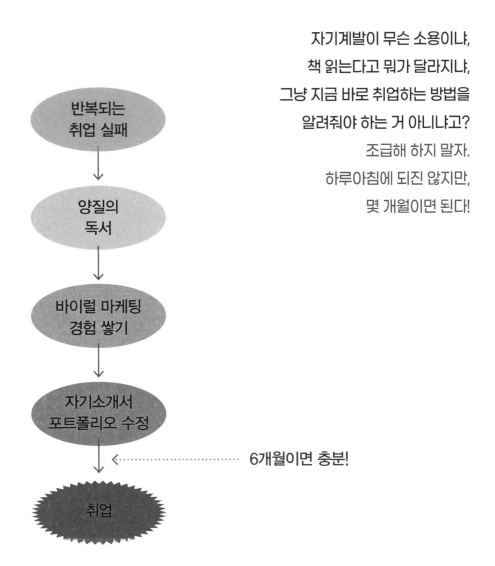

자기계발이 무슨 소용이냐,
책 읽는다고 뭐가 달라지냐,
그냥 지금 바로 취업하는 방법을
알려줘야 하는 거 아니냐고?
조급해 하지 말자.
하루아침에 되진 않지만,
몇 개월이면 된다!

반복되는
취업 실패

양질의
독서

바이럴 마케팅
경험 쌓기

자기소개서
포트폴리오 수정

6개월이면 충분!

취업

여러 번 강조하겠지만 제가 속한 온라인마케팅 분야는 전 세계적으로 인재가 부족한 업종입니다. 마케팅 관련 학과는 전국에 많지만 실무에 바로 투입할 수 있는 인재는 적습니다. 학교가 변하는 속도를 넘어서 세상이 너무나 빠르게 변화하다 보니 제대로 된 전략기획자, SNS마케터, 웹디자이너, 쇼핑몰마케터, 종합온라인마케터, 영상기획촬영편집자, 개발자들은 모자랍니다. 3~4년을 배울 필요도 없습니다. 경험상 초봉을 받으며 디지털마케터로서 감을 잡는 데 넉넉잡아 6개월이면 충분합니다. 일부 대학에서 관련 학과를 운영하고 있지만, 시장의 인력수요를 채우기에는 너무나 부족하더라고요.

디지털 포트폴리오가 뭐지?

블로그나 유튜브를 최대로 활용하세요. 그날그날 사진과 영상을 찍고 경험한 것, 배운 것, 느낀 것을 기록하다 보면 여러분은 많은 기업에서 원하는 인재가 되어 있을 것입니다. 중요한 것은 아무리 힘들어도 그것을 기록으로 남겨야 한다는 것입니다. 바빠서 미처 제대로 정리하지 못한 거친 사진과 글이라도 일단 남겨 두어야 나중에 수월합니다.

저도 이러한 과정에서 3,000개가 넘는 블로그 콘텐츠를 생산했고 취업을 준비할 때 굳이 제가 어떤 잠재력을 가지고 있는지 설명할 필요가 없었습니다. 자기소개서에 소설을 쓸 필요도 없었죠. 저는 우리가 대학에 반드시 가지 않더라도 충분히 잠재력을 증명할 수 있는 전문가가 될 수 있는 시대에 살고 있다고 믿습니다.

이렇게 쌓은 포트폴리오는 단기적으로는 취업을 위한 준비물에 불과할 수 있지만 퇴직할 때까지를 생각해 보면 개인 브랜딩을 위한 출발점을 만드는 것과 같습니다. 취업하고 나서도 포트폴리오를 꾸준히 쌓아 가면 따로 재테크가 필요하지 않을지도 모릅니다. 저 역시 꿈을 찾고 취업을 준비하면서부터 직장에서 일한 경험을 바탕으로 책까지 쓸 수 있었고 책이 나오기 전에 대학교에서 특강 문의를 받고 있습니다. 교육프로그램을 운영하기도 하고요. 매일 쌓이는 의미 있는 경험들을 어떻게 정리하고 그에 따라 노력해 나가냐에 따라 평생 자신이 원하는 일을 하며 살 수 있는 기회도 나를 찾아옵니다.

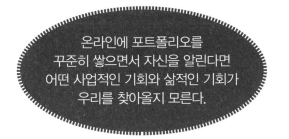

온라인에 포트폴리오를
꾸준히 쌓으면서 자신을 알린다면
어떤 사업적인 기회와 삶적인 기회가
우리를 찾아올지 모른다.

제 과거와 현재가 치열했듯이 꿈을 위해 한걸음씩 걸으며 이 글을 읽고 있는 분들의 치열한 삶을 진심으로 응원합니다.

5

진짜 인재는

말하지 않고 보여준다

나의 능력을
어필하는 방법

정글엠앤씨에서 임원으로 일하며 온라인마케터나 전략기획자를 뽑는 면접에 참여한 것이 어림잡아 몇백 회는 됩니다. 많은 면접자 중에서도 유독 눈에 띄는 분들이 있는데, 이러한 과정을 반복적으로 경험하다 보니 회사에서 반드시 뽑고 싶은 인재들은 한 가지 공통점을 가지고 있다는 것을 알게 됐어요. 이제 여러분은 그것이 일률적인 스펙과 학점은 당연히 아니라는 사실을 알고 있을 거예요.

 면접관이 본 눈에 띄는, 뽑고 싶은 지원자는?
자신의 잠재력과 직무역량을 보여줄 수 있는 콘텐츠들을
잘 정리ㆍ기록한 자기소개서와 포트폴리오가 있다!

면접관의 고민을 줄여주는 인재는 굳이 말하지 않고 보여줍니다. 인사 담당자의 입장을 고려하여 자신의 커리어를 체계적으로 보여준다는 것은 자료를 잘 정리했고 다양한 경험을 쌓았다는 것 이상의 능력을 암시합니다. 스타트업부터 몇몇 대기업에 이르기까지 광고 컨설팅 업무를 하면서 만나게 된 다른 회사 분들의 의견을 들어보니 자신의 경험을 자료로 명확하게 제시하고 이를 통해 회사에 어떤 보탬이 될 수 있는지 보여주는 인재는 어디서나 환영받는다는 사실을 알 수 있었어요.

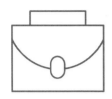

★★★★★

잘 준비된
포트폴리오로
취업시장의 **문**을 열자!

또 다른 길에서 충분히 자기계발을 하고 이를 사진과 글로 누적해 왔다면 자기소개서와 포트폴리오를 작성하는 것은 사실 크게 어렵지 않습니다. 먼저 그동안 SNS에 적었던 비전과 목표, 꿈을 찾고 인터뷰했던 경험들을 정리하여 제시해요. 그 뒤에는 관련 분야의 책을 읽고 사색한 내용, 강연과 세미나에 참여해서 배운 지식, 아르바이트나 인턴으로 일하며 쌓은 실전경험에 내가 알고 있는 지식을 적용해 본 사례까지 차근차근 보여줍니다. 이렇게 포트폴리오를 마무리하고 나서 자기소개서에는 포트폴리오에 있는 내용을 요약하고, 취업했을 때 자신의 경험이 회사에 어떻게 보탬이 될 수 있는지를 적는 거죠.

진짜 인재는 포트폴리오와 단단하게 완성한 자기소개서로 자신을 보여줍니다. 그리고 자신의 경험이 회사에 어떻게 기여할 수 있는지 구체적으로 제시할 줄 압니다. 이런 인재는 구인구직시장에 잘 없을 뿐더러 나타난다면 흙 속의 진주를 발견하듯 인사 담당자들의 눈빛과 펜 놀림이 빨라지게 되죠.

콘텐츠를 준비하자

면접을 위한 자기소개서와 포트폴리오에 앞서 가장 먼저 준비해야 할 것은 그 안에 들어갈 콘텐츠를 마련하는 것입니다. 콘텐츠가 없으면 아무것도 진행될 수 없습니다. 콘텐츠는 가장 중요한 1순위죠. 꿈을 찾기 시작한 것부터 사람읽기를 통해 해온 다양한 자기계발, 원하는 분야를 선택한 후 공부하고 참여한 전문화 학습과 특강, 세미나, 여러 실무 경험까지, 이것을 사진과 글로 모아야 합니다. 자기소개서와 포트폴리오는 이 콘텐츠를 효과적으로 담는 방법에 불과합니다.

콘텐츠는 그동안의 기록을 업로드한 블로그일 수도 있고 하루하루 노력하면서 쌓은 휴대전화 속 사진이 될 수도 있습니다.

매일매일의 노력은 우리를 배신하지 않는다.

지금까지 쌓은 콘텐츠가 없다면?
과감하게 처음으로 돌아가서
3~4개월만 콘텐츠를 모으자.

저는 자기계발 과정을 담아낸 블로그 포스트와 특강, 세미나 또는 SNS를 통해 연락한 저자와 직접 만나 인터뷰했을 때의 사진을 최대한 많이 모았

습니다. 말은 누구나 할 수 있지만 사진을 찍고 경험을 기록하는 것은 아무
나 할 수 없습니다.

우리가 포트폴리오로
증명해야 하는 것

차별성

성실성

문제해결력

적극성

협동심

커뮤니케이션 능력

몰입

진정성

서류는 광탈, 면접 공포증을 겪고 있는 당신,
이제 포트폴리오로 자신감을 가지자.

같은 책을 읽었어도 개인의 생각이 다를 수밖에 없고 같은 특강과 세미나
에 참여했어도 느낀 바가 다릅니다. 비슷한 아르바이트를 했어도 어떤 의
미부여를 하며 기록으로 남겼냐가 다를 것이고요.

자기소개서로 보여주자

자기소개서는 자신의 콘텐츠를 요약해서 그것이 회사의 성장에 어떤 기여를 할 수 있는지 구체적으로 보여주는 것이 필요합니다. 인사 담당자는 내가 누구인지 관심이 없을 수도 있습니다. 따라서 내가 어떤 경험을 했는지, 그것이 회사에 구체적으로 어떻게 기여할 수 있는지를 알려야 합니다. 실제로 이런 자기소개서를 내는 인재는 많지 않습니다.

당신이 면접관이라면 어떤 지원자에게 관심이 가겠는가?

A

저희 가족은 4명이고, 저는 1남 1녀 중 장녀로 태어났습니다. 어린 시절부터 맞벌이를 하셨던 부모님은 장녀인 제게 책임감을 강조하고 노력 없는 대가는 없다고 알려주셨습니다. 그래서 저는 학창시절부터 여러 아르바이트를 꾸준히 하면서 다양한 사회경험을 쌓았고 장학금도 받는 등 두 마리 토끼를 잡기 위해 노력했습니다. 이러한 경험 때문인지 힘들어도 맡은 일은 끝까지 해내는 성격입니다.

B

저는 맞벌이를 하시는 부모님의 영향으로 맡겨진 일뿐만 아니라 스스로 일을 찾아 하는 습관을 갖고 있습니다. 이것이 회사생활에서도 이어져 업무를 책임감 있게 해내는 것 외에도 꾸준히 공부하여 자격증을 따게 했고 실무에 효율적으로 활용하고 있습니다. 학교에 다닐 때도 관련 분야에서 아르바이트를 꾸준히 했고 실무경험을 쌓는 데 집중했습니다.

자기소개서를 보면 '성장과정'이라는 문단이 있습니다. 이것은 사실 지원자가 어떤 성장과정을 거쳤는지를 묻는 것이 아닙니다. '취업했을 때 당신이 가진 과거의 경험이 어떤 성과를 낼 수 있나요?'를 묻는 부분입니다. 가족이 몇 명인지, 어디서 태어나서 자랐는지를 적는 것이 아니라 회사의 성향에 따라 관심을 가질 만한 부분을 내가 모은 콘텐츠에서 가져와서 써야 합니다.

나머지 부분도 마찬가지입니다. 정말 자신을 소개하는 것이 아니라 자신이 가진 노력과 경험들이 어떤 의미가 있고 그것이 회사의 성과에 구체적으로 어떻게 기여할 수 있을지 생각하고 이를 제시해야 합니다. 모든 회사는 회사의 비전에 맞는 매출과 영업이익 극대화를 위해 움직입니다. 자신이 가진 재능이 회사 매출과 영업이익에 어떻게 기여할 수 있을지 보여줄 수 있다면 탁월한 자기소개서라 할 수 있습니다.

자기소개서에는 자신의 콘텐츠를 대표할 만한 주요 경력과 역량을 정리해서 넣어줘야 합니다. 여기서 주의해야 할 것은 웬만하면 두괄식으로 쓰는 것이 좋다는 것입니다. 인사 담당자들은 바쁩니다. 지원자들의 자기소개서를 한 자, 한 자 정독할 시간이 없을 수도 있습니다. 따라서 각 문단 핵심 내용을 두괄식으로 표현해 줌으로써 각 문단의 첫 문장만 읽더라도 '이 사람의 역량이 회사에 기여할 수 있겠구나' 하고 인사 담당자들의 마음을 끌어당겨야 합니다. 문제 상황을 어떤 방법으로 해결하고 어떤 효과를 냈는지 생각하며 한 줄의 핵심카피를 짜 주면 좋습니다.

저는 꿈을 찾는 과정에서 3,200개의 블로그 포스트를 작성할 정도로 다양한 상황과 문제를 경험했습니다. 회사에서 문제 상황에 부딪히더라도 강한 인내심으로 해결하겠습니다.

2시간에 몇십 만 원씩 하는 세미나를 여러 개 들으면서 어린 나이지만 관련업계 전문가들과 사업자 네트워크를 만들게 되었습니다. 이 네트워크를 바탕으로 제휴 마케팅을 시도하고 시대가 바뀔 때마다 빠르게 트렌드를 읽어내 실무에 적용하겠습니다.

100여 개의 SNS 콘텐츠를 기획, 제작하면서 일반 광고보다 3~4배 효과적인 결과를 얻었고 이것이 해당 브랜드의 매출로 이어지는 것을 확인했습니다.

나만의 콘텐츠

앞의 예시는 온라인마케팅 분야에 효과적일 수 있고 지원하는 업종마다 들어가야 할 문구는 다를 것입니다. 핵심은 자신의 콘텐츠를 수치화하거나 요약하여 회사의 비전에 맞는 매출과 영업이익에 기여할 수 있는 업무를 할 인재라는 것을 표현해야 한다는 것입니다.

포트폴리오로 증명하자

요즘 취업시장에는 '자기소설을 쓴다'는 말이 있습니다. 자기소개서에 쓸 말이 없기 때문에 없는 말을 지어서 쓴다는 것입니다. 그래서 반드시 필요한 것이 포트폴리오입니다. 포트폴리오는 짧게 요약한 자기소개서의 내용을 하나하나 검증하고 증명하는 과정입니다. 꿈을 찾고 자기계발하면서 매일 사진과 영상을 찍고 메모를 남긴 것이 여기에서 빛을 발하게 됩니다.

이제 포트폴리오로 자기소개서에 썼던 주요 경험과 프로젝트들을 보여줘야 합니다. 보통 PPT로 만들어 정리하면 적합합니다. SNS에 올렸던 것은 가독성을 고려하여 다시 다듬어 주세요. PPT를 만들 때도 전체 내용을 한 페이지로 요약하는 두괄식 정리로 시작하는 것이 좋습니다. 첫 페이지에는 전체 내용을 요약하고, 두 번째 페이지에는 목차를 넣어 줍니다. 세 번째 페이지부터 번호를 붙여가면서 자기소개서에 적었던 주요 프로젝트를 수행한 실제 사진과 그것을 부연하는 문구, 그리고 이 요소들이 어떤 방식으로 회사에 기여할 수 있는지를 구체적으로 드러내야 합니다. PPT는 보통 10~20장이면 적당합니다.

이 포트폴리오는 실제 경험해 보지 않았다면 구체적으로 작성하기 쉽지 않습니다. 그래서 저도 면접을 볼 때 지원자가 어떤 역량을 가지고 있는지 자기소개서를 빠르게 본 다음에 이 포트폴리오가 있는지 없는지, 혹은 어떻게 포트폴리오를 구성했는지를 제일 관심 있게 봅니다. 강력한 포트폴리오가 있다면 군이 말이 필요하지 않습니다.

진짜 인재는

콘텐츠로,

자기소개서로,

포트폴리오로 보여준다.

나만의 장점을 어필하자

면접을 볼 때는 포트폴리오와 자기소개서에 있는 내용을 간략하게 부연하는 것이 중요합니다. 취업에서 가장 중요한 것은 오랜 시간 쌓아 올린 자신의 경험이 회사에 어떻게 도움이 될 수 있는지를 이야기하는 것인데, 면접도 마찬가지입니다. 중언부언 이야기할 것 없이 자기소개서의 핵심을 한마디로 요약하며 자신을 소개해야 합니다. 그리고 자기소개서에 기술된 자신의 역량과 회사의 비전이 어떻게 연결이 될 수 있는지 구체적으로 말해주어야 합니다.

오랫동안 자기계발을 하는 과정을 블로그에 기록하면서 성실함과 근면함을 증명할 수 있습니다. 해당 학과를 졸업한 것은 아니지만 치열하게 임했던 방대한 독서 리스트와 관련 분야에서 쌓은 실전경험을 통해 준전문성과 잠재력을 인정받을 수 있겠죠. 같은 스펙, 같은 자격증이 아니라 세상에 오직 하나만 존재하는 것이기 때문에 다른 사람과 차별성을 가질 수 있습니다. 짧은 시간 동안 지어낸 말이 아닌, 오랜 시간 동안 행동으로 준비해 왔다면 면접관들도 뽑고 싶어질 겁니다. 어쩌면 회사를 골라서 다닐 수 있을지도 모릅니다.

다시 한번 강조하자면 면접은 자기소개서와 포트폴리오의 부연입니다. 그래서 잘 준비된 자기소개서와 포트폴리오가 있다면 면접도 큰 문제는 없습니다. 종이로 전달되지 않는 에너지를 전달하고 진정성을 표현할 수 있다면 더 좋습니다. 다만 콘텐츠가 없거나 콘텐츠가 있더라도 잘못 만들어진 자기소개서와 포트폴리오를 갖고 임했다면 면접 역시 제대로 진행되지 않습니다.

평생을 먹고살 수 있는
퍼스널브랜딩이란?

또 다른 길에서 꿈을 좇다 보면 자신의 자기계발 과정이 빼곡하게 기록된 SNS 채널을 1개 이상 갖게 됩니다. 또 취업을 준비하면서는 대학교 졸업장을 대체할 수 있을 정도의 포트폴리오도 만들 수 있게 됩니다.

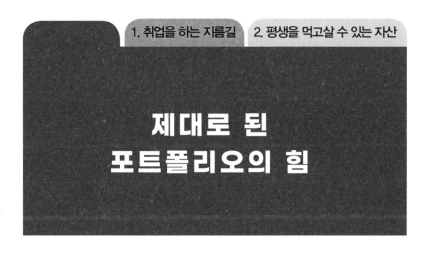

1. 취업을 하는 지름길　　2. 평생을 먹고살 수 있는 자산

제대로 된
포트폴리오의 힘

취업했다고 이 포트폴리오가 끝나는 것이 아닙니다. 직장에 다니면서 쌓은 다양한 직무경험을 이전과 같은 방식으로 적어나가는 거죠. 회사업무 외에 자기계발한 내용들을 쓰기도 하고요. 이 노력들이 누적된다면 엄청난 지적 자산을 갖게 됩니다.

자신만의 온라인플랫폼을 만들 수도 있습니다. 또 책을 써서 제2의 월급을 받을 수도 있죠. 유튜브를 운영하면서 자신의 경험과 지식을 필요한 사람들과 공유할 수도 있습니다. 이렇게 시간이 흐르면서 해당업계에서 자신의 이름을 알리게 됩니다. 또 은퇴할 시점에는 이미 다양한 방식으로 자신의 브랜드를 구축했기 때문에 내실을 견고하게 다진 상황에서 자신의 가치관에 맞게 진로를 선택할 수 있습니다. 자신의 분야와 전혀 다른 분야에서 창업할 필요 없이 죽을 때까지 자신의 분야에서 전문가로 인정받게 됩니다.

취업을 위해 준비했던 포트폴리오는 한 사람의 인생을 더 풍요롭게 하는 나비효과를 일으킵니다. 원하는 분야로 취업을 한 뒤에도 경험을 쌓고 포트폴리오를 꾸준히 업데이트하는 분들이 많아질수록 개인과 가정은 물론 사회나 국가도 더 풍요롭게 발전할 것입니다. 스스로 꿈과 진로를 찾기 시작하면서 모든 것이 시작됩니다.

원했던 고소득 직업이 아니라도 좌절하지 마세요. 또 남들이 원하는 신의 직장에 취업을 했더라도 이제 시작이라는 마음을 가져야 합니다. 이제 고작 인생의 4분의 1 전후의 지점을 넘기며 출발점에 선 것뿐입니다. 오랫동안 이 길을 가려면 많은 희로애락을 버틸 만한, 적어도 스스로가 이 길을 선택한 이유를 잊지 않아야 합니다. 취업을 넘어 매일 꾸준히 자기소개서와 포트폴리오를 채워갈 이야기들을 만들기 위해 노력해야 합니다.

순간순간의 시련들에
너무 크게 좌절하지 말자.
한 번 실패했다고
인생이 끝나지 않는다.
여러 번 실패해도
또 다른 길은 있기 마련이다.

저 역시 백수 때부터 이 글을 쓰는 지금까지도 이 점을 잊지 않고 살아갑니다. 그리고 이 책으로 과연 어떤 분들이 긍정적인 에너지를 받으셔서 자신의 삶을 개척해 나갈지 설레고 기대가 됩니다.

정해진 길에서 낮은 시험점수에 절망하지 말고, 원하는 기업에 취업을 하지 못하더라도 너무 낙심하지 말고, 매일 경험을 쌓으며 자기소개서와 포트폴리오를 구성하고 이를 알아줄 회사를 찾기 위해 알맞은 기업에 계속 지원하길 바랍니다.

CHALLENGE
CHALLENGE
CHALLENGE
CHALLENGE
CHALLENGE

3

—— **chapter** ——

또 다른 길을 걷는 사람의

6가지 무기

NOMAD

1

월급이 부족한 직장인 vs
월급 외 수익으로 여유로운 직장인

희생한다고 생각하는 직장인
성장한다고 생각하는 직장인

직장생활을 하면서 배운 가장 중요한 것 중 하나는 어떤 회사에 있든 일할 때의 태도와 행동에 따라 개인의 성장이 결정된다는 것입니다. 같은 직장에서 같은 직급으로 일을 시작하더라도 일에 대한 태도는 생각에 영향을 주고 생각은 말과 행동에 영향을 줍니다. 이 행동들이 모여서 결과를 만듭니다.

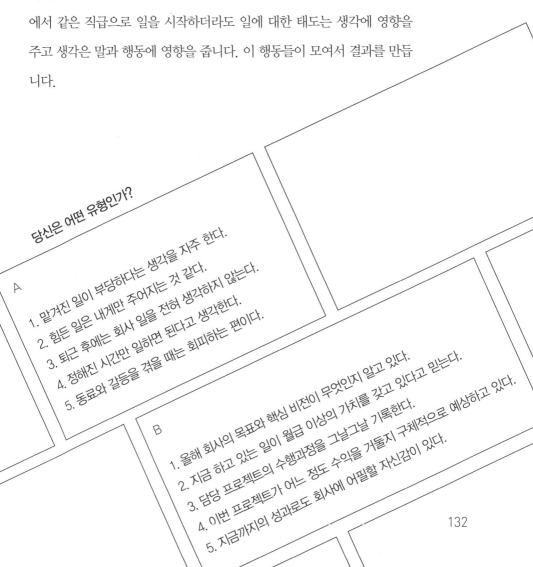

당신은 어떤 유형인가?

A
1. 맡겨진 일이 부당하다는 생각을 자주 한다.
2. 힘든 일은 내게만 주어지는 것 같다.
3. 퇴근 후에는 회사 일을 전혀 생각하지 않는다.
4. 정해진 시간만 일하면 된다고 생각한다.
5. 동료와 갈등을 겪을 때는 회피하는 편이다.

B
1. 올해 회사의 목표와 핵심 비전이 무엇인지 알고 있다.
2. 지금 하고 있는 일이 월급 이상의 가치를 갖고 있다고 믿는다.
3. 담당 프로젝트의 수행과정을 그날그날 기록한다.
4. 이번 프로젝트가 어느 정도 수익을 거둘지 구체적으로 예상하고 있다.
5. 지금까지의 성과로도 회사에 어필할 자신감이 있다.

성장하지 못하는 직장인은 주어진 환경 안에서 자신의 잠재력을 제한하고 남 탓만 합니다. 문제 상황에 대해 스트레스를 받고 불평하기 바쁘죠. 성장하는 직장인은 문제 상황들을 해결하며 성장하고 자신이 맡은 회사 일에 최선을 다합니다.

이렇듯 회사에서 하는 일을 어떻게 받아들이냐에 따라 개인의 성장한계가 결정됩니다. 성장하는 직장인의 경쟁 대상은 옆에 있는 동료가 아니라 우리나라 또는 세계적으로 인정받는 직장인입니다. 그들은 업계 상위 5~10%의 직장인들에게 기회가 주어진다는 것을 알고 현실과 이상의 갭을 줄이려고 합니다. 취업을 준비할 때처럼 의미 있는 경험들을 꾸준히 기록하며 회사에서 인정과 대우를 받는 사람들을 존경하고 배우면서 앞서나간 사람들과의 간극을 좁히기 위해 노력하죠. 마치 뉴스에 나오는 프로 스포츠 선수들처럼 노력해야 한다고 생각합니다.

사실 제가 속한 온라인마케팅 분야에서는 이런 성장하는 직장인을 많이 만나보지 못했어요. 소수의 성장하는 직원들은 매년 직급상승과 연봉상승의 기회를 가졌고 회사의 CEO가 되기도 했죠. 저는 남들보다 조금은 빠르게 이 차이를 깨닫고 신입 때부터 성장하는 직장인이 되기 위해 노력했습니다. 그러다 보니 기본적으로 탁월한 능력을 가진 것도 아니고 실패를 많이 겪었는데도 좋은 기회들을 만날 수 있었습니다.

남들과 연봉을
단순 비교하지 말자

고학벌과 고스펙으로 대기업에 취업하는 게 아니라면 신입으로 처음 입사했을 때는 연봉이 낮을 수밖에 없습니다. 높은 연봉을 받으려면 그에 맞는 실무 포트폴리오와 능력을 갖춰야 하죠. 좀 더 정확하게 말하자면 회사가 나로 인해 이익을 얻는 만큼 연봉을 받을 수 있습니다. 이에 대해 불만을 가지는 사람도 있어요. 하는 일은 많고 이렇다 할 성과를 내지 못하면서도 야근해야 할 때도 있는데 그에 따라 월급이 늘어나는 것은 아니니까요. 이런 불만이 쌓일수록 자신이 회사의 매출과 영업이익에 어느 정도 기여하는지는 정확히 모르고 개선할 능력과 의지도 없이 부정적인 감정만 표출하게 되기 쉽습니다. 하지만 달라지는 건 아무것도 없어요.

성장하는 직장인은 자신이 하는 일이 회사의 매출에 얼마나 기여하고 있는지 알기 때문에 주어진 현실을 받아들이고 지금보다 고부가가치의 일을 할 수 있는 능력을 기르기 위해 여가시간을 활용합니다. 오랜 시간이 걸릴 수 있고 실패할 수도 있죠. 하지만 그 의미 있는 시도를 존중해 주는 회사에서 일하고 있다면 결국 정해진 업무 외에 추가 성과를 낼 수 있게 됩니다. 연봉협상이나 승진의 기회도 먼저 얻습니다. 그래서 성장하는 직장인은 취업 후 본격적인 공부를 시작합니다.

취업도 힘든데,
공부를 또 해야 하나요?

시대가 빠르게 변화하기 때문에 5년을 주기로 가진 지식의 절반은 쓸모가 없어진다고 합니다. 성장하는 직장인은 새로운 흐름을 읽고 회사 일을 하면서 인식하게 되는 스스로의 부족함을 메꾸기 위해 취업했을 때부터 진정한 공부를 시작합니다.

> **8시간 동안 나무를 벨 수 있다면**
> **6시간은 도끼날을 다듬겠다.**
> **-에이브러햄 링컨**

퇴근 후에 충분한 휴식을 취하면서 책이나 잡지, 인터넷, 세미나 등을 통해 시대 흐름에 맞는 지식들을 끊임없이 흡수하고 이를 회사 일에 적용해 볼 수 있습니다. 이 과정을 반복하면 전문성이 올라가고 업무성과도 자연스럽게 얻을 수 있죠. 지식과 경험을 돈과 자산으로 바꿀 수 있다는 것입니다. 여가시간에 휴식을 취할 때도 육체적·정신적 에너지를 낭비하지 않고 내일을 위해 재충전합니다.

× × × × ×

스스로 생각했을 때

욕심이 많은 편인가?

목표를 빨리 이루고 싶은가?

그렇다면 적당한 워라밸을 생각해서는 안 된다!

× × × × × × × × × × × × ×

경험을
돈으로 바꾸자

성장하는 직장인은 회사에서 진행한 일과 경험 그리고 그 외적으로 배운 지식의 총합을 돈으로 바꿀 줄 압니다.

취업을 준비할 때 만들었던 SNS에 자신이 경험한 것들을 정리하여 업로드하고 해당 지식을 필요로 하는 사람들에게 전합니다. 이 콘텐츠로 또 다른 사업적인 기회를 얻거나 개인과 회사의 발전에 도움을 받기도 합니다. 책을 쓰고 각종 강연과 칼럼 기고를 통해서 부가수익을 창출하며 자신의 브랜딩 파워를 키워 나갑니다. 재테크를 한다며 잘 모르는 비트코인이나 주식, 부동산 등에 섣불리 투자하지 않습니다. 오로지 본업에 집중하면서 그것을 자산화하는 거죠.

몰입의 결과로 전문성이 생기고 많은 실패와 성공 끝에 더 좋은 결과를 냅니다. 회사에서도 매출에 기여하는 직원을 놓치지 않기 위해 더 좋은 대우를 제시하고 인정해 줍니다. 은퇴시점이 되면 그동안 쌓은 브랜드 파워로 노후준비는 물론, 건강이 허락하는 한 평생 원하는 분야에서 일할 수 있습니다.

이 마라톤은 직장에 처음 들어갈 때부터 시작됩니다. 장거리 마라톤이죠.

의외로 많은 사람들이 직장에 다니면서 자신만의 플랫폼을 구축하고, 책을 내며, 전문성을 쌓고, 다니는 회사의 브랜딩을 책임집니다. 성장하는 직장인은 일하는 곳이 스타트업이든, 중소기업이든, 대기업이든 상관없이 자신의 일을 묵묵히 해냅니다. 취업 후 6개월만 지나도 전혀 다른 사람처럼, 같은 직급의 다른 사람과는 비교 불가한 인재가 됩니다. 충실한 개인 브랜딩으로 1인 기업을 창업하거나 다니던 회사의 임원이 되기도 하죠.

좋아하는 일을 하며
제2, 제3의 월급도 받고 싶다면?

직장인에게 일주일 중에 가장 좋아하는 날이 언제냐고 물어보면 대부분은 금요일이라고 말할 것 같아요. 아무래도 토요일이나 일요일이 휴일이라 쉴 수 있다는 기대감이 있는 거겠죠. 반면 월요일이 오면 불안하고 답답하다는 직장인이 많습니다. 힘든 업무와 고통이 기다리고 있다는 거죠. 뒤집어 생각해 보면 미래에 대한 기대감이 사람을 행복하게 한다는 걸 깨닫게 됩니다. 그렇다면 월요일을 기대하는 직장인들이 많아지게 할 수는 없는 걸까요?

퇴사가 곧 약이라는
월요병!

회사만 가면 아픈 것 같고,
퇴근만 하면 날아갈 것 같고….
하루의 반을
회사에서 일하고 출퇴근하는 데 쓰는데
뭔가 방법이 없는 걸까?

사실 저는 우리나라 직장인이라면 장밋빛 미래만을 생각할 수는 없다고 생각합니다. 대한민국 직장인의 현실, 몇 가지만 짚어 보겠습니다.

잡코리아가 직장인 3,500명을 대상으로 조사한 결과, 80% 정도가 월요병을 겪는다고 해요. 월요일에는 출근해서 힘들고 귀찮은 업무를 해야 하기 때문에 싫은 거죠. 자신을 위해서 일하지 않고 일이 즐겁지 않다고 생각할수록 월요병이 심해집니다. 부모님 집에 갔다가 지하철로 출근했던 월요일 아침에 본 사람들은 거의가 피곤하고 불편한 얼굴을 하고 있었습니다.

워라밸, 말은 좋지….
이제 칼퇴가 아닌
정시퇴근이 하고 싶다.

사람인에서 발표한 자료를 보면 직장인의 55%가 입사 1년 내 퇴사를 경험했다고 합니다. 잦은 야근이나 열악한 근무환경이 주된 이유로 꼽혔죠. 대부분 4년제 대학을 다니면서 몇천 만 원을 투자합니다. 학자금 대출을 받았을 수도 있겠죠. 그런데 모두가 원하는, 높은 연봉에 복리 후생이 좋고 정시퇴근까지 할 수 있는 회사는 갈 수 있는 사람보다 그렇지 못한 사람이 더 많은 것이 사실이에요. 꿈과 현실의 괴리로 이런 현상이 나타난다는 생각이 들었어요.

턱없이 모자란 월급
평생직장이 어딨어?
가슴속에 사직서를 품고 다닌다
내 노후는 대체 언제 준비하지?

우리나라 직장인들의 평균 연봉은 3,500만 원 정도라고 해요. 연봉 3,500만 원을 받으면서 취업 전까지 진 빚을 다 갚고, 결혼하고, 집과 차를 장만하고, 아이를 낳아 단란한 가족을 이루고 산다는 것은 정말 힘든 일이에요. 도시에 산다면 더 그럴 테고요. 시간적으로도 자유롭기 쉽지 않습니다. 고용은 불안정하고 시간은 흐르는데 노후준비는 막막하기만 합니다.

직장생활만으로는 충분히 아름다운 미래를 그릴 수 없는 상황이기 때문에 절망을 느낄 수밖에 없습니다. 우리는 좀 더 자유롭고 행복하고 풍요로운 삶을 살기 위해 또 다른 길을 걸어야 해요.

저는 그동안 3,000여 명에 달하는 사람들의 삶을 직간접적으로 살펴보면서 자신이 좋아하는 분야에서 자수성가한 수많은 국내외 직장인을 만났어요. 분야는 물론, 성공하는 방법도 다양했지만 이들의 핵심적인 공통점은 월급을 받는 것에 만족하지 않고 직장생활에서 얻는 경험과 지식을 여러 가지 방법으로 자산화하고 스스로를 브랜딩한다는 것이었습니다. 조금 더 구체적으로 살펴볼까요? 여러 번 반복하는 이야기가 될 수도 있지만 그만큼 중요하다는 뜻이기도 합니다.

첫째, 직업을 선택할 때 안정성을 따지기보다는 진로에 대해 충분히 고민하고 원하는 분야를 주체적으로 선택합니다. 그래야 힘든 상황이 와도 버틸 수 있어요.

둘째, 자신이 속한 업계에서 상위 5~10% 안에 들어가는 프로가 되어야 좋은 대우를 받을 수 있다는 것을 알고 있습니다.

셋째, 책 쓰기나 온라인마케팅을 활용하여 자신의 경험을 풀어내고 스스로를 브랜딩하는 방법을 알고 있습니다. 이렇게 쌓은 자산으로 2차 수익을 창출하여 개인과 회사에 발전하는 데 도움을 줍니다.

넷째, 자신을 알리는 마케팅과 세일즈 능력이 탁월합니다. 선천적인 경우도 있지만 후천적으로 기를 수 있죠.

다섯째, 목표를 위해 오랫동안 끊임없이 노력하며 행동합니다.

여섯째, 개인 브랜드를 구축하여 은퇴 후에도 1인 기업이나 창업을 통해 평생현역으로 활동합니다.

성장하고 또 성공하는 직장인은 이 여섯 가지를 염두에 두고 회사에 다닙니다. 같은 일을 하더라도 이 부분을 제대로 인지하고 있느냐에 따라 업무에 대한 동기부여, 그에 따른 성과, 삶에 대한 주도성 등이 완전히 달라집니다. 학교에서는 이 같은 공부를 한 적이 없기 때문에 별도로 자기계발을 하지 않는다면 대부분의 직장인들이 놓치고 마는 부분이죠.

정해진 길에서는 어쩔 수 없이 월요일에 출근하고 마지못해 일하며 자신은 회사의 노예라고까지 생각하지만, 또 다른 길에서는 개인이 주체적으로 업무를 진행하고 이를 통해 쌓는 모든 경험이 자신의 자산이 된다고 믿으며 실제로도 이를 자산화하는 데 성공하면서 월급 외에 제2의, 제3의 월급을 벌 수 있게 됩니다. 저 역시 월요일에 출근할 때는 힘들어요. 하지만 그 힘듦을 받아들이는 마음은 전혀 다르죠. 스스로 삶을 통제하고 있다고 생각하고 내가 주인인 시스템을 운영하고 있으니까요.

우리는 자신의 커리어를 충분히 자산화할 수 있는 시대에 살고 있습니다. 마음가짐을 바꾸고 결심하세요. 그동안 전혀 알지 못했던 좋은 방법이 눈에 보이기 시작할 겁니다.

2

연봉을 팍팍 올리는

그들만의 노하우

또 다른 길에서 주체적으로 진로를 선택한 직장인은 조금은 특별한 자기계발을 통해 전문성과 역량을 강화합니다. 그들은 취업을 하고 나서도 꾸준히 책을 읽고 세미나를 들었어요. 일을 한다기보다는 마치 PC방에서 밤을 새우며 게임을 하는 사람들 같았죠. 힘들지만 즐기는 느낌이었습니다. 책과 세미나를 통해 배운 지식을 일에 적용하여 경험을 쌓고 이를 바탕으로 책을 쓰거나 SNS에 업로드하여 스스로를 브랜딩하기도 했죠. 자신만의 시스템을 만들고 관리하면서 경제적·시간적으로 풍요로워지고 전문가로 인정받으며 사는 거예요. 또 다른 길을 걷는 이들은 독특한 자기계발 무기들을 갖고 있었습니다.

———

책 읽기와 세미나 참여로
연봉을 2배 올리는 법

『부의 추월차선』의 저자 엠제이 드마코는 30대에 자수성가한 사업가이자 발명가입니다. 책에서 밝힌 '교육'에 대한 그의 생각은 직장인인 우리에게도 시사하는 바가 큽니다.

나는 마케팅과 금융, 두 분야의 경영학 학위를 따고 대학을
졸업했다. 둘 다 컴퓨터 공학과 관련 있는 분야는 아니었다.
그러나 나는 수만 가지 일을 인터넷상에서 처리한다.
우습지만 13년 동안 비싼 값을 내고 고등 교육을 받는
동안에, 인터넷이나 웹 기술 관련 수업을 들어 본 적이
없다. 내가 수강한 컴퓨터 수업은 기초 비즈니스 코스로
제한되어 있었다. 나는 스스로 공부했다. 나는 책을 읽었다.
나는 도서관을 이용했다. 나는 웹상에서 기사, 사용지침서,
백과사전을 읽었다. 나는 지식을 구했고 지식을 소비했다.
내가 지식을 추구한 덕분에 끝없이 변하는 세상에서
추월차선에서 얻은 기회를 놓치지 않을 수 있었다. 공부는
졸업과 동시에 끝나지 않았다. 그때부터 시작되었다. 가장
멋진 일은 내가 스스로 한 공부가 추월차선에서 트윈
터보엑셀이었다는 것이다.

-엠제이 드마코, 『부의 추월차선』

이외에도 대학 졸업 이후에 또 다른 길에서 꾸준히 자기계발한 사람들이 쓴 책을 읽어 보면 독서를 통해 끊임없이 자기계발하며 역량을 쌓았다는 공통점을 발견할 수 있습니다. 저는 이 중 물음표 독서법을 선택하고 실천했어요.

책을 고르기 전에 스스로 딱 한 가지 질문을 생각하고 그 답을 줄 수 있는 책을 선택하는 독서법. 취업을 하기 위해 전문성을 쌓는 데 도움이 되는 방법으로, 취업을 하고 나서도 꾸준히 활용할 수 있다.

회사에서 일을 하다 보면 능력이 부족해서 해내지 못하는 일들이 생기기 마련입니다. 궁금하고 더 공부해야 하는 것이 생길 수밖에 없습니다. 자신보다 높은 직급에 있는 사람에게 일일이 다 물어보기 힘든 경우도 많죠. 이때 도움이 되는 책을 선택해서 읽어보는 거예요. 수험생처럼 집에 가서 추가적인 공부를 하는 겁니다. 필요하다면 주말에도요. 일주일에 하루 정도만 제대로, 충분히 쉬는 거죠. 이렇게 고른 책을 읽으며 벽에 부딪쳤던 문제들을 해결하면 또 다른 문제가 나타납니다, 또 다시 문제를 해결할 수 있는 질문을 스스로에게 던지고 책을 한 권 골라서 읽는 과정을 반복합니다. 누누이 강조하지만 양질의 책 한 권에는 권위 있는 전문가들의 노하우가 담겨 있어요.

제안서를 쓰는 법

사업계획서를 쓰는 법

보고서를 쓰는 법

콘텐츠를 기획하는 법

유튜브로 수익을 내는 법

이런 건 대체

어디서 배우지?

누구한테 배워야 하는 거지?

머리를 쥐어뜯고 있는 당신에게

책은 답을 준다.

저는 궁금한 것이 생기면 반드시 서점에 들렀어요. 궁금한 것을 제대로 해결할 때까지 질문을 선택하는 것을 멈추지 않았죠. 공부한 것은 다음 날 회사 일에 적용했어요. 조금 더 시간이 필요할 때는 주말에 추가로 도전했어요. 모든 것이 효과가 있었던 것은 아니었지만 이러한 과정과 여러 시행착오 끝에 업무역량과 능력을 계속 키울 수 있었습니다.

1년에도 셀 수 없이 많은 책들이 나오기 때문에 자신만의 기준을 갖고 있어야 효과적인 독서를 할 수 있어요. 독서의 목적은 다양하겠지만 직장을 다니며 연봉을 2배씩 올리고 싶다면 제가 했던 물음표 독서를 권해 드리고 싶습니다.

세미나를 선택할 때도 마찬가지입니다. 업무에 실질적인 도움을 준 책을 쓴 사람이 여는 세미나를 선택하거나 나에게 부족한 부분을 생각해 보고 역량을 2~3배로 높일 수 있는 경험과 능력을 가진 강사를 찾아야 합니다. 그리고 세미나에서 배운 노하우를 실제 업무에 적용합니다. 일정 비용을 지출해야 하더라도 그만큼의 가치가 있는 세미나라고 판단되면 과감하게 투자합니다. 저는 처음 직장을 다니기 시작하면서 월세, 휴대전화비, 식비, 교통비를 빼고 나머지는 모두 직무역량을 강화하는 데 투자했어요. 회사의 지원을 받기도 했죠.

또 다른 길을 걷는 직장인은 다른 사람들이 시키는 일만 겨우겨우 하는 동인 이와 같은 단계를 거쳐 폭발적으로 성장합니다. 직급과 연봉이 오르는 건 당연한 일이겠죠. 그들은 오히려 취업을 하고 나서 회사 업무 외에 자기 계발에 많은 시간을 들이고 충분한 휴식을 취하면서 수험생 같은 생활을 합니다.

갖고 있는 온라인 채널은 몇 개인가?
가장 최근에 올린 글은 무엇인가?

졸업하면
끝?

취업하면
끝?

승진하면
끝?

또 다른 길을 걷는
사람에게 끝이란 없다.
사는 게 재미있다!

책 쓰기와 온라인마케팅으로
연봉을 2배 올리는 법

아무것도 가진 것이 없는 직장인이 가장 빠르게 자산을 만들고 부를 축적하는 방법 중 하나가 바로 배우고 일하면서 경험한 지식을 돈으로 만드는 방법을 터득하는 것입니다. 시작은 회사에서 일하면서 쌓은 경험과 책을 읽고 세미나를 들으면서 배운 지식을 꾸준히 인터넷상에 기록하는 것입니다. 나만의 플랫폼을 구축하는 거죠.

컴퓨터가 있고 인터넷만 된다면 따로 돈을 지불하지 않아도 무료로 사용할 수 있는 온라인 채널들이 많습니다. 블로그, 카페, 인스타그램, 페이스북, 유튜브 등 각 채널마다 특징이 다르죠. 이 중 한 가지 채널을 선택하여 그날그날의 겪은 경험과 노하우 그리고 학습한 것들을 꾸준히 기록합니다. 이것을 책으로 내는 거죠. 1~2년에 한 권씩 책을 내면 좋습니다. 책을 낸다는 것은 대학교 졸업장을 받는 것과 같아요.

강연을 하거나 칼럼을 쓸 수도 있습니다. 비즈니스적인 기회를 얻기도 하죠. 월급 외에 인세, 강연료, 원고료 등의 부가적인 수입이 생기고 사업에 도움이 되는 인맥을 확장할 수 있습니다. 이때 너무 사적인 욕심을 부리지 않고 회사와 같이 성장할 수 있는 방향을 끊임없이 논의하며 지속성을 가지는 것이 중요합니다. 사실 그 경험은 회사가 기회를 줌으로써 쌓을 수 있었던 거죠. 온라인 활동과 책 쓰기를 병행하며 개인뿐 아니라 회사에도 보탬이 될 수 있도록 해야 합니다.

그렇게 점점 자산이 늘어납니다. 요즘 직장인의 평균 은퇴연령대라는 50대 초반에도 나를 찾는 회사가 많습니다. 퇴직을 선택했을 때도 프리랜서나 1인 기업으로 일할 수 있는 기회가 있습니다. 평생 현역, 평생 전문가로 살 수 있는 길이 열려 있는 것이죠.

직장에 다니면서 책을 읽고 쓰는 것이 쉽지만은 않습니다. 그럴 때는 앞서 말씀드린 초록법을 사용해 보세요. 어느 분야에서 전문성을 쌓을 것인지를 정하고 이를 기준으로 책을 골라 읽고 필요한 것만 취하는 방식입니다. 조선 후기 실학자인 정약용은 유배지에 있었던 18년 동안 500권의 책을 썼을 정도로 방대한 지식을 갖고 있었다고 하는데요. 이 초록으로 100권의 책을 10일 만에 읽을 수 있었다고 합니다.

돈의 법칙을 이해하고
나만의 성장시스템을 구축하자

제가 자기계발을 시작하면서 가장 먼저 깨달은 것 중 하나가 학교에서 배운 돈의 법칙과 사회에서 배운 돈의 법칙이 다르다는 것입니다.

로버트 기요사키는 『부자 아빠, 가난한 아빠』에서 학교에서 가르치는 돈의 규칙은 잘못된 것이며 이를 해결할 방법으로 자산을 만드는 돈의 법칙을 따라야 한다고 했습니다.
이제 우리는 학교에서 배운 것처럼 월급을 아끼고 저축해서는 부자가 될 수 없고 전문성과 영향력을 가질 수 없다는 사실을 알아야 합니다. 형편이 좋지 않은데 큰돈을 들여 대학에 진학하는 것 또한 좋은 선택이라고 단언할 수 없다는 것도 말이죠.

맨몸으로 시작했다면 직장에서 자신의 일에 충실하며 부족한 것들은 책과 세미나를 통해 극복해야 합니다. 배운 지식과 쌓은 경험을 돈으로 바꿀 수 있어야 합니다. 이 과정을 꾸준히 반복하는 만큼 전문성이 키워지고 연봉과 연봉 외 수익 등이 증가하며 더 좋은 기회가 나를 찾아옵니다.

30%만 실천해도 당신의 연봉은 2배가 된다!

하나, 물음표 독서로 자기계발하기

둘, 양질의 세미나 수강하기

셋, 온라인 채널 운영하기

넷, 초록을 통해 전문성 쌓기

다섯, 돈의 법칙을 이해하고

자신만의 성장 시스템 구축하기

꿈을 이루는 데
필요한 것은?

프로직장인이 되기 위해서는
얼마나 노력해야 할까?

말콤 글래드웰은 『아웃라이어』에서 개인이 성공하려면 적절한 사회, 문화적 요소를 갖추고 한 분야에서 1만 시간의 노력을 해야 한다고 했습니다. 우리가 알고 있는 모차르트, 비틀스, 빌 게이츠, 에릭 슈미트, 스티브 잡스를 그 예로 들었죠. 하루에 3시간, 한 주에 20시간으로 보면 1만 시간의 노력을 달성하기 위해서는 약 10년 정도의 시간이 걸리는 셈입니다. 군대에 있을 때 읽은 『18시간 몰입의 법칙』의 이지성 작가는 하루에 8~9시간을 일하고 잠자는 시간을 제외한 나머지 시간을 일에 대해 생각하는 데 모두 쓴다면 원하는 성공을 얻을 수 있다고 했습니다. 이 책에서 맨손으로 시작했지만 18시간 몰입을 통해 자신이 원하는 성공을 이루고 자수성가한 사람들의 사례를 접할 수 있었죠. 테슬라의 CEO 일론 머스크는 주 40시간만 일해서는 세상을 바꿀 수 없다며 주 80시간 근로를 주장하기도 했습니다.

이외에도 노력과 성공에 대한 다양한 책을 읽었는데, 저자마다 주장하는 노력의 정도는 달랐지만 한 가지 확실한 것은 완전히 몰입해야 한다는 사실이었습니다. 설정한 목표가 높다면 이 정도 노력하더라도 성공이 보장된 것은 아니에요. 노력에 따른 최소한의 도전할 수 있는 기회가 주어지는 것이죠.

저는 이런 자기계발 과정을 거치면서 온라인마케팅 분야의 전문가가 되기 위해 부단한 노력을 했습니다. 앞에서 말씀드렸던 것처럼 가장 먼저 한 일은 회사와 가까운 곳으로 집을 옮기는 것이었어요. 회사업무에 더 집중하기 위해서였죠. 파격적인 선택이었습니다. 일을 시작할 때부터 그렇게 하기로 결심했어요. 집은 일산 쪽이었는데 회사는 사당이었기 때문에 출퇴근만 하루에 2~3시간이 걸리는 상황이었거든요. 그래서는 다른 성공한 사람들처럼 온전히 회사 일에 집중할 수가 없었어요.

사회에 필요한 교육자가 되고 싶다는 간절한 꿈이 있었기 때문에 평일이든, 주말이든, 잠자고 밥 먹고 쉬는 시간을 빼고는 제가 선택한 일에 온전히 집중하고 싶었습니다. 일에 조금이라도 더 집중할 수 있는 환경을 만들어야 제 욕심만큼 노력할 수 있다는 생각을 했어요. 머리가 똑똑한 것도 아니었기 때문에 오랜 시간 노력해야 했습니다.

회사 근처 작은 원룸에 회사 분들이 두세 명 모여 살고 있어서 그곳에 들어가 살기로 했어요. 청소하고 빨래하고 잠자는 시간 외에는 계속 일을 하고 일을 좀 더 잘할 수 있는 방법을 고민하고 공부했습니다. 주말에도 자발적으로 출근해서 일하거나 부족한 능력을 키우기 위해 노력했어요. 덕분에 일하면서 궁금한 것들을 묻고 답을 구해 행동할 수 있었습니다. 사실 회사 분들은 저를 이상하게 보기도 했어요. 누가 시킨 것도 아니고 대가를 받는 것도 아닌데 남들 다 쉬는 주말에 거의 한 번도 빠짐없이 출근해서 일하고 있으니 말이죠.

\+

굳이 저렇게까지 해야 해?
라는 생각을 하고 있는가?

누군가 당신이 원하는 회사에
들어갈 수 있는 기회를 준다면

당신은 무엇을 포기하고, 바꿀 수 있는가?

당시 저는 인턴에 불과했지만 열심히 일해서 집안을 일으키고 싶었고, 세계적인 온라인마케터가 되고 싶었고, 교육 분야의 새로운 길을 개척하는 사람이 되고 싶었어요.

2만 시간의 노력

일에 집중할 수 있는 환경을 만들고 나서부터는 업무시간에는 일에 집중하고 그 외 시간에는 미처 해내지 못한 일들을 마무리하거나 공부했습니다. 주말에도 예외는 없었는데, 때로는 충분한 휴식을 취하며 체력을 회복하기도 했어요. 업무시간을 포함해서 자기 전까지 일에 대해 생각하거나 노력하는 시간을 계산해 보니 하루 12~15시간 정도를 몰입하고 있었습니다.

매일매일 효율적으로 업무를 처리했다고 할 수는 없겠지만 다시 그때로 돌아간다고 해도 그보다 더 잘할 자신이 없을 정도로 노력하고 공부했습니다. 4년이 지났을 때쯤에는 제 꿈을 위해 노력한 시간이 약 1만 5,000시간에서 2만 시간 정도가 축적되어 있었습니다. 연봉이 오른 것은 당연하고 40여 명 규모의 회사 임원으로 능력도 인정받고 있습니다.

백수 때부터 한 회사의 임원이 되어 일을 하는 지금까지 10년이라는 시간이 흘렀습니다. 그리고 아직도 저는 꿈을 꾸며 회사를 다닙니다. 중간에 포기하고 싶고 성신이 혼미할 정도로 힘든 순간들도 많았는데, 이때 꿈을 포기하지 않고 오랫동안 노력을 이어가기 위해서는 몇 가지 방법이 필요하다는 사실을 알게 되었습니다.

—

하나의 목표에 집중하자

한 번에 한 가지씩 노력해야 합니다. 현재의 나를 꿈꾸는 삶으로 이끌기 위해서는 여러 단계의 노력이 필요합니다. 큰 꿈을 이루려면 계단처럼 나눠진 작은 목표를 밟아 나가야 하고, 우리가 해야 할 것은 다음 계단이 무엇인지 확인하고 발을 옮기는 거예요. 주어진 시간에 하나씩 묵묵히 노력해 나가면서 하루하루를 채워야 원하는 꿈을 이룰 수 있다는 것입니다. 『원씽』에는 다음과 같은 내용이 나옵니다.

우리는 할 일 목록 대신 성공 목록을 만들어야 한다.
남다른 성과를 내기 위해 의도적으로 만든 목록 말이다.
할 일 목록은 긴 경우가 많지만, 성공 목록은 짧다.
할 일 목록은 당신을 여기저기로 잡아끌지만, 성공 목록은
구체적인 한 방향으로 이끌어준다. 할 일 목록은 어지럽게
적힌 명단이지만, 성공 목록은 잘 정돈된 지시사항이다.
성공을 염두에 두고 목록을 만들지 않으면 그것이 당신을
성공으로 데려다 주지 못할 것이다. 당신의 할 일 목록에
별의별 것이 다 적혀 있다면 그건 당신이 원하는 바로
그곳만 빼고 다른 모든 곳으로 당신을 데려갈 것이다.

-게리 켈러·제이 파파산, 『원씽』

무엇을 어디서부터 해야 할지 모르겠다면 목표를 적어보고 그것을 이루기 위해서 지금 당장 해야 할 한 가지가 무엇일지 생각해 보세요. 그리고 그 한 가지를 실천하세요. 가장 중요한 한 가지를 생각하며 행동으로 옮기다 보면 티끌이 모여 태산이 되어 있을 것입니다.

[목표/우선 할 일] 리스트를 만들어보자.

목표
6개월 내에 직무 관련 자격증 1개를 취득한다.

우선 할 일
독학으로 가능한지, 학원을 다녀야 하는지 알아본다.

목표
하루 1시간은 책을 읽는다.

우선 할 일
책을 읽는 목적을 고민하고 분야를 선택한다.

목표

우선 할 일

목표

우선 할 일

꿈을 시각화하자

『보물지도』는 원하는 것들을 시각화하면 이루어진다는 내용을 담은 책입니다. 저자인 모치즈키 도시타카는 꿈을 이루었을 때의 모습을 시각화하여 가까운 곳에 보이게 두라고 말했어요.

저도 꿈을 이루어가는 과정에서 할 경험과 얻고 싶은 것들을 시각화하곤 합니다. 요즘에는 누군가 서점에서 집어든 이 책이 인생의 전환점을 만드는 계기가 되는 상상을 하기도 합니다. 그리고 제가 세상에 보탬이 되는 일들을 한 대가로 얻은 수익으로 부모님께 전원주택을 사드리거나 용돈을 드리는 것, 또 따뜻하고 아늑한 집에서 사는 것 등을 생각해 보기도 합니다. 좀 더 구체적인 시각화를 통해 동기부여를 받고자 인터넷에서 제가 꿈꾸는 모습과 비슷한 모습을 직접 찾아보기도 하죠.

1년 이내 이루고 싶은 목표는 무엇인가? 그냥 넘기지 말고 빈칸을 꼭 채워 보자.

꿈을 시각화하거나 상상하면 노력을 이어갈 수 있는 좋은 연료가 됩니다. 이렇게 시각화한 것들이 실제로 이루어지면 '꿈을 현실화시킬 수 있다'는 자신감을 얻게 됩니다. 그래서 과거의 꿈이 현실로 이루어졌듯이 다음에 하는 여러 가지 상상들도 현실화시킬 수 있다는 믿음을 가지게 됩니다.

지칠 때는 푹 쉬고
다시 일어나자

치열하게 꿈을 위해 노력하다 보면 정신적으로, 육체적으로 지칠 때가 있습니다. 저 역시 취업하고 3년차까지는 주말에도 꿈을 위해 휴식 없이 노력했는데 어느 순간부터 일과 적절한 휴식의 균형이 필요하다는 생각이 들었습니다. 매일 쉼 없이 달리다 보니 몸과 마음에 과부하가 걸린 거죠.

그래서 평일에는 열심히 일하다가도 주말 하루는 잠을 푹 자고, 다른 하루는 몸은 편히 쉬되 다음 주에 할 일을 생각하면서 월요일을 맞이하기도 합니다. 그리고 불안한 생각이 들 때면 클래식을 듣고, 맛있는 음식을 먹거나 마사지나 사우나를 하기도 하고요. 잠자리가 불편하면 몸에 맞는 매트리스와 베개를 사는 것도 좋아요. 몸과 마음을 충분히 충전하고 나서는 다시 열심히 노력하는 거죠.

꿈을 꾸고 노력하는 과정은
장거리 마라톤이다

꿈을 꾸고 목표를 설정하며 그것을 현실로 이루기 위해서는 부단히 노력해야 합니다. 자신이 하는 일에 몰입하면서도 충분한 휴식을 취해 지치지 않아야 하고 항상 꿈과 목표를 생각해야 하죠. 그래서 그 과정이 쉽지만은 않습니다. 원하는 목표를 원하는 시점에 이루지 못할 수도 있어요. 하지만 우리에게는 시간과 기회가 있다는 점이 더 중요합니다. 머뭇거리면서 아까운 시간을 낭비할 필요가 없습니다. 한 번 시험을 쳤는데 점수가 잘 안 나왔다고 인생이 끝났다고 생각하면 안 됩니다.

어느 대학을 나왔는지가 중요할 수는 있지만 그것이 인생의 전부를 결정짓지는 않습니다. 자기계발을 통해서 다양한 사례를 접하고 지금 시작할 수 있는 것부터 노력해서 저처럼 스스로의 삶을 증명해 보세요. 그저 꾸준히 오랜 시간 노력하는 것만으로도 충분히 꿈을 이룰 수 있습니다. 지금 이 순간에도 장거리 마라톤을 달리고 있는 반짝이는 사람들과 함께 포기하지 않고 꿈을 꾸며 노력해 봅시다.

4

퇴직 후도 두렵지 않은

프로직장인

여러분은 모두 프로직장인이 되어야 합니다. 이 책의 궁극적인 목표 역시 여러분을 프로직장인으로 만드는 데 있습니다. 앞서 언급했지만, 여기에서 프로직장인은 어떤 사람들인지에 대해 다시 한번 짚고 가도록 하겠습니다.

프로직장인은
개인 브랜드다

돈이 삶의 모든 것은 아니지만 일에 더 집중하고 행복한 삶을 살기 위해서는 탄탄한 경제력이 뒷받침되어야 합니다. 가정을 꾸리고, 집을 사고, 차를 사는 것도 경제력이 있어야 가능하죠. 요즘은 월급만으로는 빠듯한 경우도 많기 때문에 한 가지 일을 하면서 여러 부가가치를 창출할 수 있는 일종의 시스템을 갖추는 것이 좋습니다. 그 방법 중 하나가 개인 브랜드를 구축하는 것입니다.

직장에 다니며 개인 브랜드를 구축한 직장인은 프로가 됩니다. 경제적 보상이 따르는 것은 물론, 회사도 같이 성장할 수 있습니다. 프로직장인은 직장생활을 하면서 맡은 분야를 파고듭니다. 자신이 생각한 수준에 도달하기 전에는 다른 곳에 한눈을 팔지 않습니다. 에너지가 분산되기 때문입니다.

프로직장인은 일하고 배우며 사색한 내용들을 블로그나 카페에 기록합니다. 다음 브런치나 유튜브를 활용하기도 합니다. 온라인 채널에서 지식을 습득하는 소비자인 동시에 생산자가 되는 셈입니다. 그리고 그 결과물로 책을 냅니다. 이 과정을 오랜 시간 동안 반복합니다. 반복할수록 해당 분야에서 자신의 이름을 알리면서 전문가로 인정받게 됩니다. 이 과정에서 얻게 되는 것이 개인 브랜드입니다.

사람들이 그의 이름을 해당 분야의 전문가로 인지하면서 전국 서점에, 언론에, 인터넷에 알려지게 됩니다. 그렇게 개인 브랜드가 구축되면서 강연과 칼럼 기고 등을 통해 부수입을 얻습니다. 세미나와 워크숍을 열기도 하죠. 동기부여가 되면서 회사에서 맡은 주업무를 더 열심히 하게 됩니다. 스스로를 위해 임했던 회사 일이 단순히 월급으로 등가교환이 되는 것이 아니라 다양한 가치를 창출하고 개인과 회사를 먹여 살리게 됩니다. 책을 통해 귀한 인연을 얻기도 하죠.

브랜드파워가 강해질수록 같은 일을 하더라도 찾아주는 곳이 많아지면서 더 높은 대우를 받을 수 있습니다. 외부에서 받은 인정을 바탕으로 회사 브랜드에 기여하고 매출과 영업이익에 영향을 주게 되면서 회사 내부에서도 인정받게 됩니다. 경제적으로도 점점 여유로워지고 자신의 삶을 주체적으로 선택할 수 있는 확률 또한 높아집니다.

프로직장인에게
퇴직은 없다

프로직장인은 개인이 쌓은 영향력으로 사회에서 인정받기 때문에 회사의 매출과 영업이익에 많은 기여를 합니다. 이익을 추구하는 회사는 그를 퇴직시키기보다 계속 함께 일하기를 원합니다. 보통이라면 퇴직을 걱정해야 할 나이가 되어도 회사를 계속 다닐지, 퇴직해서 자신만의 비즈니스를 이어갈지를 선택할 수 있습니다. 이른 나이에 퇴직하여 자신의 이름을 건 1인 기업을 운영하거나 새로운 삶을 시작하기도 하고 회사에 남아 더 큰 규모의 비즈니스를 이어가기도 합니다. 나이가 들수록 육체적 능력은 쇠퇴할지 몰라도 정신적 역량은 강화됩니다.

앞서 소개한 바 있는 창의경영연구소 조관일 대표는 70살이 될 때까지 자신의 분야에서 52권에 달하는 책을 썼습니다. 매월 10회 정도의 강연도 하고 있다고 해요.

조 대표는 농협에 입사했을 때 고객에게 친절한 서비스를 제공하는 것이 은행의 경쟁력이 될 수 있다는 사실을 깨닫고 『손님 잘 좀 모십시다』라는 책을 출간했습니다. 이 책으로 농협 내부에서는 물론 전국구 스타가 되었죠. 농협중앙회장이 조 대표의 강의를 먼저 접하고는 중앙회 직원들을 대상으로 하는 친절 강의를 맡기기도 했습니다. 이후 강원지역본부에서 일하고 있던 조 대표는 본사로 발령을 받았습니다. 이때가 1988년 서울 올림픽을 앞둔 시기라 전국적으로 친절봉사 캠페인이 벌어지고 있었는데, 서울대학교병원과 아산병원을 비롯한 병원, 기업체 등을 상대로 친절 서비스 강의를 하느라 몸이 열 개라도 부족할 판이었습니다. 그는 직장에서 일했던 모든 경험을 자산화하여 이를 바탕으로 퇴직 후에도 강연료만 1년에 2억 5,000여만 원을 벌었다고 해요.

맡은 업무를 하면서 개선할 점을 고민하고 연구한 뒤 그 결과물을 책으로 펴낸 것이 인생 역전의 기회가 된 것이죠. 『손님 잘 좀 모십시다』가 1984년에 나온 책인데, 제가 1987년생이니 이미 오래전에 어마어마한 또 다른 길을 닦아놓은 거죠.

프로직장인은 개인은 물론
사회와 국가에도 도움이 된다

우리나라에서는 윗세대의 지식이 아랫세대로 제대로 온전히 전달되기 어렵습니다. 퇴직하는 분들이 오랫동안 일했던 분야의 노하우를 기록하여 다음 세대에 전달하는 것이 아니라 자신이 일했던 분야와 전혀 상관없는 분야에서 일하기 때문이죠. 퇴직 후에 치킨 프랜차이즈나 커피 프랜차이즈를 시작하는 분들이 그렇습니다. 만약 젊을 때부터 치킨 관련 분야에서 일하며 경험을 쌓아왔다면 이야기는 또 다르겠지만 대부분 그렇지는 않아요.

반면에 프로직장인들은 퇴직 후에도 직장을 다니며 오랫동안 쌓은 노하우들을 책이나 강연, 칼럼 등을 통해 다음 세대에 전수합니다. 이렇게 지식의 선순환고리를 만드는 것은 개인의 발전뿐 아니라 사회와 국가에도 기여하는 것입니다. 한 기업에 개인 브랜드를 갖춘 직장인들이 많아질수록 회사에 대한 만족도가 높아지고 회사를 대외적으로 알리는 데 큰 도움이 됩니다. 자원이 풍부하지 않은 대한민국에서 핵심자원은 사람인데, 프로직장인들이 많아지는 것은 국가경쟁력 강화 측면에서도 중요합니다.

프로직장인은
별도의 노후준비가 필요하지 않다

통계를 살펴보면 직장인들의 평균 퇴직 연령은 50대 초반이라고 합니다. 평균수명은 82세를 넘어서 해가 갈수록 길어지고 있습니다. 퇴직 후 제2의 삶을 위해서 프랜차이즈 등 개인 사업을 시작하지만 5년 내로 70% 이상이 폐업 수순을 밟습니다. 신입 때부터 각종 온라인 채널을 운영하고 책 쓰기에 도전하면서 자신의 브랜드를 구축한다면 퇴직 후에도 다른 업종을 선택할 필요 없이 자신의 분야를 그대로 이어갈 수 있습니다. 또 퇴직 후에도 별도의 창업자금이나 큰 노후자금을 필요로 하지 않습니다. 무리하게 잘 모르는 분야에서 창업하여 오랫동안 모은 돈을 날릴 일도 없습니다.

직장생활을 하면서 프로직장인으로 살아가는 분들이 보편적으로 많은 것은 아닙니다. 그렇기 때문에 직장생활을 시작하면서 회사업무 외에 '본격적인 자기계발은 지금부터 시작이다'라는 마음으로 별도의 노력을 기울여야 합니다. 이 여러 가지 노력이 자신의 삶을 위한 것이고 회사에서 일하는 경험이 나의 콘텐츠가 될 수 있다는 생각을 하면 주인의식을 가지고 모든 일에 주체적으로 임할 수 있게 됩니다. 회사가 노후를 책임져주는 것은 아니지만 노후준비를 할 수 있는 경험과 환경은 충분히 제공합니다. 매일 쌓이는 경험을 자산으로 만드는 노력을 어떻게 하느냐에 따라 미래가 달라집니다. 단순히 상황이 좋아지는 것이 아니라 인생이 바뀌는 계기가 됩니다.

또 다른 길에서

또 다른 방법을 찾다

위대한 사람들은
무엇이 다를까?

자신의 꿈을 이루며 자수성가한 사람을 보면 관심이 가고 존경할 수밖에 없습니다. 개인의 이익뿐 아니라 타인을 생각하며 일하는 분들을 보면 위대하다는 생각이 들죠. 그중에서도 제게 큰 영감을 준 사람들이 있습니다. 여기에서는 자기계발을 통해 능력을 갖춘 것뿐만 아니라 국내를 넘어 전세계적으로 도움이 되는 생각과 행동을 하는 사람들과 자신이 가진 영향력과 힘으로 약자를 돕는 사람들의 이야기를 함께 나눠 볼까 합니다.

평소 존경하는 멘토와 **그 이유를 써 보자.**

일도 많고,
승진도 급하고,
퇴직 후도 걱정되는데,
남들까지 챙길 시간이 어디 있어!
라는 생각이 드는가?
그럼, 그냥 읽어 보자.

**이들의 존재를
아는 것만으로 충분하다.**

물 때문에
매일 4,500명이 사망하는 곳

전 세계 60억 중에서 6억 명이 넘는 사람들이 물 부족으로 고통받고 있으며, 하루 4,500명에 달하는 이들이 오염된 물을 먹고 사망한다고 합니다. 스캇 해리슨은 뉴욕에 있는 유명 나이트클럽의 프로모터로 술과 마약에 빠져 살다가 우연히 서아프리카를 방문하게 되었습니다.

• 프로모터: 예능인이나 프로 선수의 흥행을 기획하는 사람

거기에서 각종 병균에 오염된 물을 먹고 죽는 사람들을 보게 되죠. 이후 스캇 해리슨은 자신의 프로모터 능력을 십분 발휘하여 '채리티워터'라는 사회적 기업을 만들었습니다. 그리고 우물을 만드는 일에 사람들이 낸 기부금을 모두 사용합니다.

그는 그동안 쌓은 비즈니스 역량을 바탕으로 기부행사를 축제처럼, 누구나

즐겁고 공감할 수 있도록 화려하게 브랜딩하여 기부를 '멋진 것', '하고 싶은 것', '자랑하고 싶은 것'으로 만들었어요. 그리고 기부금이 실제 100% 기부되고 있다는 것을 투명하게 공개하여 신뢰도를 높입니다. 또 후원자가 기부한 프로젝트에 GPS 추적 기술을 도입하여 프로젝트가 잘 진행되고 있는지 언제든 확인할 수 있게 해요.

단순히 내가 잘되겠다는 것이 아니라 자신이 속한 분야에서 최고의 성과를 내고 그렇게 쌓은 재능과 부를 다른 사람들을 위해서, 국경을 넘어 전 세계적으로 도움이 필요한 일에 사용하는 거죠. 이런 행동을 보면 대단하다는 생각을 넘어 위대하다는 생각이 들어요. 자신이 잘되는 것 이상으로 하나의 사명감을 품고 있는 거예요.

'약속의 연필'을 아시나요?

『연필 하나로 가슴 뛰는 세계를 만나다』를 통해서 아프리카 아이들이 공부를 할 수 있도록 학교를 지어주는 비영리기구인 '약속의 연필'을 처음 알게 됐어요. 저자 애덤 브라운은 약속의 연필 CEO이자 2014년 UN에서 올해의 교육기관상을 수상한 사람입니다.

그는 월스트리트의 잘나가는 금융인이 되기 위해 전력질주하다가 대학 입학 후 떠난 인도 배낭여행에서 구걸하는 어린 소년을 만나며 삶의 방향을 바꾸게 되었어요. 이 세상에서 가장 갖고 싶은 게 무엇이냐는 그의 질문에 소년은 딱 한 마디로 이렇게 대답했다고 해요. "연필이요."

이 절실한 소망에서 영감을 얻은 그는 세계 최고의 경영컨설팅 회사인 베인앤드컴퍼니를 떠나 24살 때 단돈 25달러로 약속의 연필을 설립했습니다. 그는 모두가 불가능하다고 말할 때 그 자신과 자신에게 주어진 사명을 굳게 믿었고 5년 만에 전 세계에 200여 개의 학교를 설립하여 3만 명의 아이들에게 배움의 기회를 제공하는 놀라운 성과를 거두었어요.

한 사람의 영향력으로 3만 명의 아이들이 교육의 기회를 가질 수 있었다는 사실을 접했을 때 정말 이 사람은 위대하다는 생각이 들더라고요. 애덤 브라운은 따뜻한 마음을 가진 천사였어요. 저는 약속의 연필에 대해 더 알고 싶어서 SNS를 찾아 보기도 하고 사이트를 방문해 보기도 했어요. 사실 방법은 중요하지 않아요. 그것이 교육이든 앞서 말한 우물을 파는 것이든 세상이 좀 더 행복해질 수 있게 노력하는 것 자체가 위대한 거죠.

화성에 제2의 우주를 만들고자 하는 사람

우주에 고중량 발사체를 쏴 올리는 기술은 인류를 화성에 보내는 데 필요한 핵심기술이라고 해요. 또한 보통 로켓은 한 번 쓰면 다시 쓸 수 없다고 하는데, 재활용 가능한 고중량 발사체는 인류가 화성에 정착하는 데 필수기술이라고 합니다. 우주 수송 및 발사체를 개발하는 업체인 스페이스X의 CEO 일론 머스크는 전기자동차를 전문으로 만드는 테슬라의 대표이사이기도 합니다.

2018년 스페이스X는 펠컨 헤비라는 로켓을 발사했다가 발사대까지 다시 돌아오게 하는 데 성공합니다. 이로써 로켓 발사비용을 10분의 1까지 줄일 수 있었어요.

이는 인류를 위한 일이기도 합니다. 경이롭고 위대한 장면 중 하나였어요. 이 기술을 바탕으로 화성에 사람을 보내서 제2의 지구처럼 사람이 살아갈 수 있는 환경을 만든다는 것이었죠. 기술적인 부족함은 여전히 있고 개선되어야겠지만 이미 시도 자체가 훌륭하다는 생각이 듭니다.

따뜻한 지구를 만드는 사람들

유기된 강아지와 고양이들의 주인을 다시 찾아주는 사람들, 버려진 해양 쓰레기를 한 번에 모아오는 기계를 운용하는 사람들도 있었습니다. 작은 빵집을 하면서 헌혈증을 가져오면 빵과 교환해 주는 가게도 봤어요. 그렇게 모은 헌혈증은 병원에 기부했죠. 커피전문점에서 커피를 만들고 나면 커피 찌꺼기가 나오는데 일반 쓰레기로 버려지는 이 찌꺼기를 회수해서 식물을 기를 수 있도록 재활용하는 사업을 하는 우리나라 분도 있었어요.

소방관은 목숨을 걸고 우리의 안전을 위해 노력하지만 처우가 부족하다고 해요. 이를 테면 장비의 노후화가 빠른데 장비교체는 소방관의 사비를 들여야 합니다. 그래서 장갑 한 짝을 3년 동안 사용하는 경우도 있고요. 이러한 상황을 개선하기 위해 폐소방호스로 만든 가방과 파우치를 판매한 수익금으로 소방관 분들의 안전을 도와주는 분도 있습니다.

보통은 취업을 준비하면서 자신이 하고 있는 일에 최선을 다하고 경제적인 자립과 자아실현을 목표로 삼지만, 그 이상을 생각하며 살아가는 사람들도 많다는 것을 깨달았어요. 기술과 문명은 시간이 갈수록 발전하지만 아직 해결하지 못한 사회문제는 셀 수 없이 많아요. 힘과 영향력이 생길수록 타인을 위해 조금 더 생각해 보고 노력하는 사람들이 많아진다면 우리가 사는 세상은 더 따뜻하게 변할 수 있을 거예요.

위대한 사람들은 가치 있는 무언가를 위해 살아갑니다. 저는 이 위대함에 영감을 받아 앞으로 가치 있는 교육에 대해 생각하며 살아가려고 합니다. 자신을 브랜딩하고 능력 있는 삶을 살면서 다른 사람들을 살펴볼 수 있는 따뜻한 마음을 가진 프로직장인들이 많아졌으면 좋겠습니다.

내겐 무엇이 중요한가?

- 승진:

- 건강:

- 돈:

- 가족:

- 친구:

- 명예:

-

-

-

그것이 중요한 이유는 무엇인가?

- 더 많은 돈을 벌어야 한다.

- 삶의 질을 높이고 싶다.

- 가족을 챙기고 싶다.

- 내게 힘을 주는 소중한 존재이다.

-

-

-

-

4

chapter

통장잔고 0원에서
억대 연봉자 되기

1

통장잔고 0원에서 4년 만에

억대 연봉의 회사 임원이 되다

통장잔고 0원의
백수

대학을 졸업하고 주변 사람들이 초등 임용고시에 합격하기 시작했을 때 또 다른 길을 걷기 위한 준비를 시작했습니다. 부모님의 도움도 바랄 수 없는 형편이었기 때문에 스스로 돈을 벌면서 방법을 찾아야 했어요. 저는 수능때 수학에서 34점을 받았는데, 1년 만에 96점까지 올렸습니다. 이때의 경험을 살려 수학과외를 하면서 마련한 돈으로 책을 사거나 세미나를 들었어요. 그런데 과외를 하려고 해도 학생을 구하는 마케팅을 제대로 할 줄 몰랐기 때문에 중계 수수료가 높았고, 자기계발을 열심히 하다 보면 책값이나 세미나 비용이 만만치 않았어요.

매일 발전이 없는 불행의 쳇바퀴를 돌리는 것 같았습니다. 부모님도 제게 다시 초등학교 선생님이 될 것을 권유하셨죠. 저 역시 흔들릴 때가 많았어요. 초등교육학과를 졸업한 남자들은 임용고시에 합격한 후 바로 군대를 다녀오곤 했는데 저는 잠깐씩 프리랜서로 활동한 경력을 제외하면 27살까지 백수와 다름없었습니다. 이렇다 할 성과도 없는데 27살에 군대를 가야 한다면 어떤 마음일지 독자 여러분도 조금은 이해하실 수 있을 거예요. 돈도 돈이지만 그 당시의 제겐 미래도 없어 보였습니다.

그래도 책을 읽었어요. 세미나에 참석하고 특강을 들었죠. 우리나라를 포함한 전 세계에서 자수성가하고 꿈을 찾은 사람들의 이야기를 계속 접하다 보니 나중에는 각 분야별로 자신의 꿈을 찾고 성공한 사람들의 존재를 알게 되었어요. 또 그 사람들이 어떤 생각을 하고 노력했는지 배울 수 있었어요. 분야는 다 달랐지만 계속 파고들다 보니 그들의 공통점이 몇 가지 보이기 시작했습니다. 그중에서 제게 가장 매력적으로 다가온 것은 PC와 스마트폰을 기반으로 한 적극적인 온라인마케팅이었어요.

여러분도 아시다시피 모든 사업은 자신의 제품이나 서비스를 팔아야 생존할 수 있어요. 개인이든 회사든 마찬가지예요. 그런데 PC와 스마트폰을 기반으로 한 온라인광고는 소비자에게 제품과 서비스를 저렴한 비용으로 빠르게 전달할 수 있는 최고의 방법이죠. 온라인을 활용한 마케팅을 탁월하게 할 줄 아는 사람들은 이를 활용하여 좋은 제품과 서비스를 알리고 짧은 시간 내에 괄목할 만한 사업적 성과를 낼 수 있었어요. 또 그것은 특정분야에 국한된 이야기가 아니었어요. 저는 이것이 시대가 주는 기회라고 생각하고 온라인마케팅 전문가가 되기로 결심했습니다.

온라인마케팅에 뛰어들다

처음에는 이 분야에서 일할 기회라도 있었으면 좋겠다고 생각했어요. 살아남고 싶었죠. 온라인마케팅 관련 책을 수없이 읽고 돈을 모아 세미나에 참여했어요. 그리고 양질의 세미나를 들은 뒤에 배운 것을 자신의 사업에 적용해서 매출이 급상승하거나 망해 가던 가게가 잘돼서 자신의 건물을 세우는 모습을 보게 되었죠. 바로 온라인광고의 힘이었어요. 저도 이렇게 몇 가지 배운 것들로 조금씩 돈을 벌 수 있었습니다.

군대에 다녀오고 난 뒤에는 자기소개서와 포트폴리오에 넣을 내용을 열심히 축적했어요. 그리고 온라인마케팅 일을 하면서 자기계발을 계속 이어갈 수 있는 회사를 찾았습니다.

면접관: 회사에 바라는 것이 있나요?

나: 일할 수 있는 자리와 컴퓨터가 있고, 사업과 온라인마케팅을 배울 수 있고, 밥 먹고, 잠을 잘 수 있었으면 좋겠습니다.

말 그대로 생존가능한 상태로 일을 배울 수 있으면 된다고 말했던 거죠. 지금 제 입장에서 높은 연봉, 안정된 복리후생까지 바라며 일을 시작할 수는 없다고 판단했어요. 이후 여러 회사에서 합격통보를 받았죠.

아니, 이렇게까지 해야 해?
라는 생각이 든다면
현실을 직시하자.
지금 당장 이 회사가 나로 인해 얻을 이익을
구체적인 수치로 보여줄 수 있는가?

정글엠앤씨에 입사한 후에는 단순하고 기본적인 업무들부터 배우기 시작했어요. 맡은 업무를 밤낮없이 진행하면서 최선을 다했죠. 하루 12~15시간씩, 수험생 때보다 더 노력했어요. 일에 너무 몰입했기 때문에 일부러 신경 써서 건강도 관리해야 했어요. 일을 시작하고 1~2년 동안은 주말에도 제대로 쉬지 않고 일했어요. 명절이나 연휴기간이면 잠을 충분히 자고 휴식을 취한 다음에는 아무도 없는 사무실에서 일했죠. 그만큼 간절했습니다. 다행히 제 노력을 회사에서 알아봐 주었어요. 그땐 정말 쓰러지지 않을 정도로만 일했거든요.

월급=직원이 회사에 있는 시간
월급=직원이 회사에 가져다주는 이익
당신이 오너라면 어떤 것이 더 합리적이라고 판단할까?

처음에는 제가 선택한 온라인마케팅 일로 생존하는 것이 목표였어요. 그 목표를 이루게 되자 초등학교 선생님 이상, 나아가 교장선생님 이상의 월급을 받게 되었죠. 단순히 돈을 버는 것 이상의 가치가 있었습니다. 내가 좋아하는 일을 하면서 간절히 바라고 노력하니 월급뿐 아니라 투자소득도 늘기 시작했어요. 돈을 바라보는 금융지능이 높아지면서 어떻게 해야 온라인마케팅을 통해 가치 있는 돈을 만들어낼 수 있는지 알게 되었습니다.

온라인마케팅에
도전하라

제 이야기를 듣다 보니 온라인마케팅이 궁금해지셨나요? 자, 이번에는 온라인광고대행사를 다니면서 좋았던 점들을 말씀드리려고 해요.

첫째, 다양한 비즈니스의 근간에 대해 배울 수 있습니다.

살면서 단기간에 이렇게 많은 사업을 접해 보기는 힘들 거예요. 화장품, 식품, 생활잡화, 반려동물용품, 의류, 식품 등 인터넷쇼핑몰부터 어플리케이션과 홈페이지 서비스, 정부 사업까지 그 종류가 정말 다양합니다. 저희는 각 클라이언트의 비전에 맞는 매출과 영업이익을 창출하는 것을 핵심목표로 둡니다. 그 과정에서 각종 사업을 직간접적으로 경험하고 근간을 배울 수 있었어요. 이는 나중에 자신이 직접 사업을 할 때 현명한 선택을 할 확률을 높여줍니다.

둘째, 비즈니스의 핵심 기술 중 하나인 마케팅력을 키울 수 있습니다.

모든 비즈니스는 무언가를 파는 것을 목표로 해요. 아무리 좋은 제품과 서비스가 있어도 제대로 팔지 못하면 사업을 이어갈 수 없죠. 그래서 마케팅이 필요합니다. 저는 웹사이트를 구축하는 것부터 시작하여 블로그, 카페, 인스타그램과 페이스북, 유튜브 등의 다양한 온라인광고를 통해서 소비자들에게 서비스를 알리고 매출을 올렸어요. 맡은 광고주의 매출과 브랜드파

위를 올리면서 사업을 성공시키는 경험은 그간의 고민과 고통을 보상해 주기도 했죠.

셋째. 세상에는 다양한 길이 있고 기회가 있다는 것을 알게 됩니다.

또 다른 길을 걷기 전에는 스펙 쌓기에 실패하거나 시험 성적이 안 좋다 싶으면 세상이 무너지는 느낌을 받곤 했어요. 취업을 준비할 때도 초등학교 선생님이 되지 않으면 인생이 망하는 것 같았죠. 온라인마케팅을 하다 보면 각계각층의 사람들을 만나게 되고 다양한 방법으로 수익을 창출하는 사람들을 보게 돼요. 삶에는 다양한 길이 있고 또 그에 딸린 기회가 있다는 것을 배우게 되는 거예요. 그래서 실패에 절망하기보다는 내게 주어진 다양한 기회에 감사하고 새롭게 도전할 수 있게 됩니다.

넷째, 인맥네트워크가 생깁니다.

학교를 다닐 때 주변에 있던 사람들은 모두 초등학교 선생님이라는 한 가지 목표를 갖고 있었어요. 온라인광고대행사에 일하면서 만나게 되는 사람들은 나이도 제각각, 직업도 제각각입니다. 자신의 일을 하면서 서로 도움을 주고받기도 하고요. 각자의 시선에서 현상을 분석하는 이야기도 나눠요. 그러다 보니 세상을 바라보는 넓은 시야를 갖게 됩니다.

다섯째, 내가 올린 성과만큼 대우를 받을 수 있습니다.

온라인광고대행사가 가진 가장 큰 매력 중 하나예요. 광고주의 매출이 상승하고 회사에 지불하는 광고대금도 같이 올라가면 올라간 매출만큼 좋은 대우를 받을 수 있어요. 직장인이면서 동시에 사업자 같은 거죠. 또 어떤 이유에서든 매출에 기여하지 못하거나 광고주의 만족도를 높이지 못하면 그만큼 책임이 생기기도 합니다. 그렇기 때문에 사실 일이 쉽지만은 않아요. 하지만 직장생활을 하면서 이런 노력을 반복하고 그에 따른 대우를 받다 보니 매일이 치열하고 그 과정 속에서 빠르게 성장을 할 수 있는 동기가 되기도 합니다.

스펙이 없는 사람들에게
열려 있는 기회의 땅

온라인마케팅 분야는 항상 좋은 인재가 부족합니다. 세상이 빠르게 변하는 것 이상으로 더 빠르게 바뀌고 트렌드에 민감한 업종이 온라인마케팅이거든요. 그만큼 다양한 일자리들이 있어요.

웹사이트 기획자 · 디자이너 · 개발자, 페이스북 · 인스타그램 · 유튜브 등의 SNS마케터, 전략기획컨설턴트, 영상기획자, 촬영자, 편집자, 유튜브 크리에이터, 모델 등 이쪽 업계에 일하는 분들이라면 아시겠지만 항상 인재가 부족한 시장입니다. 하지만 학교에서는 이러한 분야에서 일할 수 있는 잠재력을 가진 사람들을 양성하지 못하고 있어요. 일부 대학에서 노력하고 있지만, 시장의 수요를 감당하지 못하는 것이 현실입니다. 그리고 그마저도 실질적으로 실무를 진행할 수 있는 인력을 길러내지는 못해요. 그래서 학벌보다는 자기소개서와 포트폴리오가 중요한 업종입니다.

이것이 제가 마케팅 분야를 전공하지 않았는데도 빠르게 취업할 수 있었던 이유 중 하나였어요. 스펙과 학벌이 부족해서 절망하고 있는 분이 있다면 확실히 기획. 마케팅 분야, 특히 온라인마케팅 분야는 기회의 땅이 될 수 있습니다.

나는 광고대행사에서
모든 것을 배웠다

회사에 취업을 한 지도 어느덧 많은 시간이 지났어요. 그동안 500개 이상의 프로젝트를 관리하고 직접 진행하다 보니 어느 시점부터 적어도 마케팅 분야에서만큼은 조금씩 자신감이 붙기 시작했습니다. 통장잔고 0원인 백수였을 때 주변의 걱정 어린 시선이 지금은 응원의 시선으로 바뀌었고요. 이 글을 쓰면서도 매일 다양한 업종에서 사업하는 분들을 만나며 마케팅을 컨설팅하고 있어요.

자신의 일을 인정받고 상상한 것들이 실제로 조금씩 이뤄져가는 모습을 지켜보는 것만큼 기쁜 일은 없는 것 같습니다. 아직 꿈이 없고 내일의 희망이 보이지 않는다면, 몸이 건강하고 강한 멘탈이 있다면, 삶의 지지자가 필요하다면, 온라인광고대행사도 답이 될 수 있을 거예요. 제가 온라인광고대행사에서 세상을 보는 시야를 넓히고 경험을 쌓으며 기회를 얻었듯 이 책을 통해 기회를 찾는 분들이 많아졌으면 좋겠습니다.

2

3,000개의 명함이

의미하는 것은?

3,000명의 사람을 알게 되면
달라지는 것들

정글엠앤씨는 수십 명의 젊은 청춘들이 함께 꿈을 키워가고 있는 회사입니다. 주로 디지털을 기반으로 한 사업들을 분석하고 전략을 제안하는 일을 하고 있죠. 다양한 온라인마케팅 운영을 대행하기도 하고요.

회사에 컨설팅·광고 문의가 들어오면 미팅을 하게 되는데, 보통 이때 명함을 교환합니다. 명함이 쌓이는 개수만큼 사람을 만나고 있다고 볼 수 있습니다. 미팅 때 본격적인 인터뷰를 하면서, 단순히 어떤 마케팅을 원하는지, 얼마의 매출을 예상하는지를 알아보는 것이 아니라 사업을 시작한 이유, 그동안 어떤 경험을 쌓았는지 등에 대해 충분히 질문합니다. 사업과 마케팅을 컨설팅하려면 상대방이 사업을 운영해온 과정을 알고 분석해야 하기 때문입니다.

이렇듯 심도 있는 미팅을 통해 컨설팅을 진행할 때는 한 사람의 삶을 대신 살아본다는 생각을 하기도 합니다. 책상에 앉아서 시키는 공부만 했더라면 알지 못했을 다양한 삶의 모습을 있는 그대로 배울 수 있죠.

Chapter 2에서 처음 꿈을 키울 때 사용하는 사람읽기 방법 중 인터뷰에 대해 설명했습니다. 미팅할 때의 인터뷰도 일종의 사람읽기지만 다른 점을 짚어 보자면, 그때는 상대방에게 사업적으로 도움이 될 것이 없기 때문에 선물을 하거나 식사를 대접했고, 지금은 역으로 마케팅컨설팅과 제안을 하면서 비용을 받습니다. 컨설팅을 통해 다양한 성공사례를 알려 주고 시야를 넓히는 데 도움을 주는 거죠.

차곡차곡 쌓은 명함 속에 닮고 싶은 꿈과 목표가 보인다

많은 사람들이 말한다.
"꿈이 없어요."
"사는 게 재미가 없어요."
"지금 하고 있는 일을 계속 해야 하는 건지 모르겠어요."
"다른 일을 시작하기에 늦은 건 아닐까요?"
"꿈은 어떻게 찾아야 하는 거죠?"

만나는 사람들의 업종과 직업, 직책, 나이는 다양합니다. 마케팅은 소상공인부터 스타트업, 중소기업, 대기업까지 다양한 규모의 업종에서 공통적으로 필요로 하는 것이기 때문에 한 주에 적게는 5명에서 20명 정도를 만나게 되는데, 이 과정에서 '아, 이건 내가 해 보고 싶다'라는 생각이 드는 일이 생깁니다. 꿈이 없는 상태라면 온라인광고대행사에서 아르바이트를 하면서 원하는 일을 찾아보는 것도 좋은 방법이 될 수 있어요.

학교에서 진로체험수업으로 몇 가지 직업으로 수박겉핥기로 체험하고 결정하는 것과는 차원이 다릅니다. 성심성의껏 인터뷰를 진행하여 간접경험을 하고, 업무가 시작된 후 마치 내가 광고대행업무를 맡긴 사람의 사업을 대신 운영하는 것처럼 신경 쓰고 관리하다 보면 직접 운영하는 만큼은 아니겠지만 실전경험도 어느 정도 쌓게 됩니다. 그 과정에서 천직까지는 아니라도 계속 도전해 보고 싶은 일이 생기기도 하고 흥미가 떨어지기도 하죠.

시간이 누적되고 명함의 개수가 늘어나면서 선택할 수 있는 직업의 수도 점점 더 많아집니다. 다른 직업이 아니라 광고대행업무를 하기 때문에 얻을 수 있는 기회입니다. 정말 그것이 자신의 길이라고 판단되면 그 일에 뛰어들어 보는 것도 또 다른 길을 찾는 방법이 됩니다.

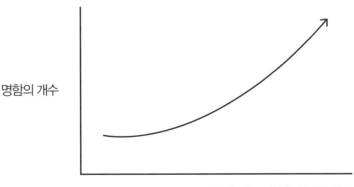

명함의 개수

내게 맞는 직업을 선택할 확률

돈과 꿈,
두 마리 토끼를 쫓다

진로를 찾아야겠다고 결심하고 진로탐색을 위한 여러 가지 자기계발을 하더라도 마땅히 해 보고 싶은 일이 없을 수도 있습니다. 경제적인 여건이나 현실이 꿈을 계속 찾을 수 없게 하는 경우도 있죠. 광고대행사에 취업하면 돈을 벌면서 꿈 찾기를 이어갈 수 있다는 것이 가장 큰 장점 중 하나에요.

학교에서 시키는 대로 열심히 공부했다가 하고 싶은 일을 찾지 못하고 점수에 맞춰 대학에 진학하는 경우가 많습니다. 다시 꿈을 찾아볼까도 생각해 보지만 그동안 투자해온 시간과 돈이 아깝고 주변의 시선도 부담스러워서 다시 도전하기 어려울 수 있어요. 하지만 광고대행사에 취업하면 돈을 벌면서 다양한 진로를 탐색하고 꿈 찾기를 이어갈 수 있습니다. 한 주에도 다양한 일을 하는 수백 명의 사람들이 회사를 방문하고 더 많은 사람을 만나볼 기회도 스스로 노력하기에 따라서 추가로 만들 수 있어요.

취업전선에 뛰어들기 전까지 우리에게 충분한 진로탐색의 기회가 없는 것이 현실입니다. 그 대신 높은 성적과 스펙으로 안정적인 직장을 찾는 것이 미덕이 되는 거죠. 대학교를 졸업할 때까지 최소 200개 이상의 직업을 직간접적으로 체험하기가 쉽지 않고 그저 좋은 성적을 받고 스펙 쌓기를 강요받곤 합니다. 무엇을 위해, 어떤 일을 하고 싶은지가 아니라 안정적인 직장을 얻기 위한 공부만이 강조되죠. 다양한 직업을 가진 사람들의 이야기를 직접 들어볼 수 있다면 참 좋을 텐데, 그런 기회가 흔치 않아요.

어쩌면 우리나라가 특별히 하고 싶은 일이 없을 수밖에 없는 교육제도를 운영하고 있는 것일지도 몰라요. 이를 극복하기 위해서 최근에는 학교에서도 풍부한 진로탐색의 기회를 제공하기 위해 노력하고 있습니다.

요즘 관심 있게 보는 유튜브 채널은?

1.

2.

3.

해당 유튜브를 홍보, 관리하는 마케터라면 어떤 이벤트를 해 보고 싶은가?

1.

2.

3.

3,000명의 사람
3,000개의 사업
3,000개의 마케팅

3,000개의 명함을 주고받았다는 것은 단순히 휴대전화 연락처 개수가 늘어났다는 것이 아니라 3,000개의 다양한 분야에 속한 사람들과 미팅을 통해 삶의 지혜를 나눴다고 볼 수 있습니다. 3,000개의 사업을 다각도로 분석했다고 할 수도 있죠. 또 주로 온라인마케팅업무를 대행하기 때문에 3,000개 브랜드의 마케팅업무를 대신하는 것으로 이해할 수도 있습니다.

이 과정에서 화장품을 베트남으로 수출하기도 하고, 한산하던 가게에 손님이 가득 차도록 만들기도 합니다. 경제적 어려움을 겪던 기업의 매출과 영업이익이 높아져 적자에서 흑자로 전환되고 더 큰 꿈을 꾸게 하는 경우도 있지만, 반대로 안타깝게도 여러 가지 이유로 폐업하기도 하는 치열하고 냉철한 비즈니스 세계를 경험하게 됩니다.

이 세계에서 성공과 실패를 반복하며 경험을 차곡차곡 쌓다 보면 사업과 마케팅의 시행착오를 줄이는 방법을 배웁니다. 광고대행사에서 수행하는 여러 프로젝트를 통해 꿈을 현실로 이룰 수 있는 인과법칙을 배우는 것입니다. 그러면서 다양한 꿈과 목표 중에서 자신에게 맞는 분야를 선택하고 그것을 현실화하는 데 탁월한 능력을 발휘하게 됩니다. 이것이 광고대행사의 힘든 업무 속에서 얻게 되는 자신감과 기쁨이 아닐까 합니다.

대학 졸업장 없이

9개월 만에 광고대행사 취업하는 법

전공자 우대,
이제는 겁먹지 말자

앞에서 살펴본 것처럼 마케팅 일을 하려면 마케팅 관련 학과를 졸업해야 한다고 생각하는 경우가 많아요. 하지만 이제 여러분은 반드시 그래야 하는 것은 아니라는 사실을 알고 있을 거예요. 그 사실을 바로 제가 증명하고 있으니 말입니다. 저는 마케팅과는 상관없는 초등교육과를 나왔지만 현재는 광고대행사에서 다양한 광고주의 사업을 컨설팅하고 온라인마케팅 대행업무를 하고 있죠. 또 서울·경기권 대학의 마케팅 관련 학과를 다니는 대학생들을 대상으로 상담과 진로코칭을 진행합니다.

지금 바로 해결하고 싶은 고민은 무엇인가?
고민을 해결하기 위해 어떤 노력을 하고 있는가?

대학에 진학할 때 취업을 목표로 전공을 정하는 경우가 많죠. 대학교 등록금이 한 학기에 적어도 300~500만 원 정도 하고 그 외에 드는 여러 가지 부수적인 비용까지 생각하면 졸업까지 최소 4,000만 원은 들어가다 보니 경제적으로 충분하지 못한 여건에서는 휴학해서 등록금을 벌거나 학자금 대출도 받아가면서 학업을 이어갑니다. 이렇게 큰돈과 시간을 들여도 원하는 수준의 직업을 얻지 못할 확률이 높기 때문에 좌절하고 힘들어합니다.

안타까운 현실에 저는 여러분이 지금까지 걸어온 길과는 다른, 한 가지 길을 알려드리고자 합니다. 수많은 또 다른 길 앞에서 진로를 고민하는 분들에게 마케팅 관련 학과를 졸업하지 않고도 온라인광고대행사 인턴으로 시작해 4년 만에 임원이 된, 제가 걸었던 길을 조금 더 구체적으로 설명하겠습니다.

학교교육이 따라가지 못하는 곳에 기회가 있다

학교교육을 통해 알게 되는 대부분의 직업은 필요수요보다 공급이 많아요. 그런데 시대 흐름이 빠르게 변화하는 분야에서는 그에 맞는 공교육 시스템이 정리되는 데 시간이 걸리기 때문에, 당장 필요한 인력수요가 공급보다 훨씬 많아요. 제가 속한 온라인(디지털)마케팅 분야도 여기에 속해요.

영상기획 전문가 · 영상촬영 전문가 · 영상편집 전문가

SNS와 쇼핑몰에 필요한 비디오커머스 영상, 유튜브 영상, 홍보 영상, 바이럴 영상 등을 제작하는 것은 굳이 관련 학과를 나오지 않더라도 충분히 전문성을 기를 수 있는 영역이에요. 영상을 기획하고 촬영하는 사람들은 많지만 데이터에 기반해서 영상의 성과를 판단하고 트렌드를 읽으며 기술도 갖춘 사람은 적습니다.

개발자

4차 산업혁명 시대 소프트웨어의 중심이 되는 것은 개발자의 코딩입니다. 잠재력이 있는 개발자는 어디서든 일할 수 있습니다. 학벌이 조금 부족하더라도 기초역량과 전문성 그리고 외국어 능력까지 갖추고 있다면 세계적인 인재가 될 수 있습니다.

웹 디자이너

온라인상에 존재하는 다양한 디자인 관련 결과물을 만들어내는 직업이에요. 관련 학과 졸업자도 많지만 실무에 바로 투입할 수 있는 센스와 감각을 갖춘 디자이너는 부족한 편입니다. 실무와 동떨어진 교육을 많이 하고 있기 때문에 인재의 미스매칭이 일어나는 분야기도 해요.

온라인마케터(디지털마케터)

컴퓨터와 스마트폰, 인터넷이 보급되면서 전 세계가 인터넷으로 연결되었어요. 한국만 해도 온라인상에 다양한 콘텐츠를 발행해서 사람들이 손쉽게 접하기도 하고, 제품이나 서비스를 팔기도 하며, 브랜드를 알리는 역할도 합니다. 유튜브 · 페이스북 · 인스타그램 · 포털 광고, 바이럴마케팅, 그로스해킹, 사이트 기획 · 제작, 웹사이트 및 쇼핑몰 운영 등의 다양한 일을 하며 돈을 쓰는 마케팅과 쓰지 않는 마케팅을 모두 진행합니다.

전략기획자

기획과 관련한 전반적인 업무를 진행해요. 자신이 근무하는 회사의 마케팅과 브랜딩을 맡기도 하고 광고상품을 기획하거나 광고주를 상대로 컨설팅 및 광고대행 제안을 합니다. 신규 사업을 기획 · 추진하기도 하죠.

다른 분야도 그럴 수 있겠지만 제가 속한 온라인마케팅 분야는 관련 학교 교육을 반드시 받아야 하는 것은 아니에요. 대신 자신의 잠재력과 전문성을 보여줄 수 있어야 합니다. 극단적으로 표현하자면 강력한 자기소개서와 포트폴리오가 있다면 학벌과 스펙이 없거나 부족해도 절실한, 또 치열한 노력으로 극복할 수 있는 영역이기도 해요. 이외에도 시대 흐름을 반영한 일자리들이 넘쳐나고 있습니다.

학벌을 대체할 수 있는 '그것'을 계발하자

높은 성적을 받고 좋은 대학을 졸업한 사람을 보면 성실하고 공부를 충실히 했다고 생각하게 됩니다. 대학 졸업장은 이것을 간접적으로 증명하는 역할을 하죠. 우리는 이제 대학 졸업장 없이 자신의 잠재력과 전문성을 증명하기 위한 다른 방법을 찾아야 해요.

여러 번 강조했다시피 저는 스스로의 잠재력을 보여주기 위해 책, 세미나, 인터넷 강연 등의 방법을 동원한 사람읽기를 선택했어요. 맨손으로 성공한 사람들을 인터뷰하면서 그 과정을 사진과 글을 통해 기록하고 정리하여 포트폴리오로 보여주는 것이었죠. 제가 오프라인에서 직접 만난 사람들이 최소 300명은 넘었기 때문에 이를 통해 저의 성실성과 커뮤니케이션 능력, 문제해결력 등을 증명할 수 있었어요. 또 여러 가지 분야 중에 온라인마케팅 분야를 선택한 이유를 찾게 된 과정도 가감 없이 적었어요.

보통 마케팅 관련 학과에서 전공서적으로 다루는 책이 30권 전후라고 해요. 그래서 저는 자기계발에 도움이 되는 책을 3,000여 권 초록해서 읽었고, 마케팅 관련 서적은 최소 300권 이상 읽으며 중요한 점을 기록했어요. 또 실전 전문가들이 운영하는 특강과 유료 세미나에 참여하면서 간접경험도 쌓았죠. 이후 프리랜서 마케터로 활동하면서 이르바이트니 인턴을 했고

순간의 경험들을 사진과 글로 블로그에 담아 면접 때 제출하여 진정성을
인정받기도 했습니다.

최근에 읽은 책은 무엇인가? 그 책을 고른 이유는?

최근에 참여한 세미나, 강연은 어떤 것들이 있는가? 참여한 이유는?

최근에 읽은 책도 없고, 참여한 세미나와 강연도 없다면, 가장 최근에 구독한
유튜브 채널은 무엇인지 써 보자. 구독한 이유는 무엇인지도 생각해 보자.

길어도 1년이면
충분하다

이런 과정을 알려주는 사람이 아무도 없었기 때문에 저는 시행착오를 겪으며 스스로 방법을 찾아야 했어요. 하지만 지금 이 글을 읽는 분들이라면 짧게는 3개월, 길게는 1년이면 충분히 자신의 잠재력과 전문성을 쌓아서 제가 속한 온라인마케팅 분야나 자신이 원하는 분야의 직업을 가질 수 있습니다. 제가 만났던 여러 기업 관계자 분들도 '그런 인재라면 뽑고 싶다'는 말을 할 정도였으니 말이죠.

**아무것도 증명하지 못한 사람에게
처음부터 좋은 대우를 해 줄 곳은
어디에도 없다.**

물론 대기업처럼 처음부터 높은 연봉을 받지는 못할 수 있어요. 근무조건이 조금 안 좋을 수도 있고요. 처음의 조건과 대우가 좋지 않더라도 꾸준히 한다면 경험이 계속 쌓이면서 연봉도 오르고 원하는 목표를 이룰 수 있어요. 그리고 대학을 이미 졸업했더라도 늦었다고 생각하지 마세요. 지금 자신과 맞지 않는 길을 가고 있다면 제가 알려드린 방법으로 노력하는 것이 삶이 행복해지는 방법이 됩니다.

이미 늦었는데 달콤한 말로 위로하지 말라고?

체념하고 현실에 순응하면 더 늦어진다.

아무것도 하지 않으면서

걱정만 하는 것이 무슨 의미가 있을까?

중요한 것은 주위의 눈치를 볼 필요가 없다는 것, 그리고 만약 당장 돈을 벌어야 한다면 비록 시간은 조금 더 걸리겠지만 지금 할 수 있는 일로 돈을 벌면서 노력해도 결국 원하는 꿈을 이룰 수 있다는 것입니다. 혼자 막연하다면 제가 운영하는 카페에 와서 다양한 무료 정보도 접하고 교육프로그램에도 참여해 보세요. 여러분이 삶의 방향을 고민할 때 도움을 드리겠습니다.

4

프로직장인의

연봉 2배로 올리는 법

광고대행사에서 일하면서 같은 일을 하더라도 연봉이 많이 오르는 사람을 종종 보게 됩니다. 저 역시 시작은 최저시급이었지만 좋은 기회들을 통해 연봉이나 근무조건들이 크게 향상되었죠. 연봉이 오른다는 것은 돈도 돈이지만 그만큼 자신이 속한 분야에서 성장하며 대우를 받는다는 것을 의미하기 때문에 중요합니다. 자존감도 함께 올라가죠. 여기에서는 신입 때부터 지금까지의 시간들을 돌아보고, 연봉과 실력이 크게 상승할 수 있었던 노하우를 정리해 보겠습니다.

왜 이 일을 할까?

지금 여러분이 일하는, 또 일하려는 이유는 무엇인가요? 그동안 시키는 공부를 하며 살아왔다면 직장을 선택할 때만큼은 자신이 납득할 수 있는 명확한 비전과 목표를 가지고 시작하세요. 거창하지 않아도 상관없고 어떤 이유든 좋아요. 먹고살기 위해서일 수도 있고, 많은 돈을 벌고 싶어서일 수도 있고, 명예를 추구할 수도 있고, 자아실현을 위해서일 수도 있어요. 그리고 개인의 비전과 목표를 회사의 비전과 맞추어 생각해 보세요.

내가 이 회사에서 일하는,
또는 일하려는 이유는
무엇인가?

정글엠앤씨는 광고주의 사업과 마케팅을 컨설팅하고 그 사업이 성공할 수 있도록 하는 것을 목표로 노력해요. 광고주가 성상하는 만큼 회사와 개인도 성장할 수 있죠. 저는 이 회사에서 사업을 배우고 다양한 업종을 경험하며 마케팅 역량을 쌓고 싶었어요. 그렇게 쌓은 경험과 노하우를 바탕으로 진로를 고민하는 청춘에게 진로교육과 취업교육을 제공함으로써 삶의 행복을 찾아주는 일을 하고 싶었죠. 소자본으로 쇼핑몰이나 플랫폼을 창업해서 돈을 벌 수 있게 하는 교육서비스를 제공하는 것도 목표 중 하나였어요.

FACT

직장에서 일하는 것은
결국 나 자신을 위한 것이라는 걸 기억하자!

지금 다니는 직장에서 하는 일이 자신의 삶과 미래에 어떤 영향을 미치는지 알고 출근해야 업무에도 긍정적인 영향을 줄 수 있어요. 주인의식도 여기에서 생깁니다.

CEO 마인드란?

CEO 마인드란 일을 시작할 때부터 한 회사의 대표라는 마음으로 일하는 것을 의미합니다. 살면서 한 번쯤은 창업하게 될 것이라고 생각하고 미리 연습한다는 마음으로 일해 보는 거예요. 이 생각만으로도 일을 대하는 자세가 달라지고 그 시간이 누적되면 긍정적인 나비효과를 만듭니다.

살면서 누구나
한 번쯤은
CEO가 될 수 있다.

보통의 직장인이라면 주어진 업무를 충실히 하는 것에 집중해서 생각하고 일합니다. CEO 마인드를 가진 직장인이라면 지금 하는 일이 회사의 비전과 매출, 영업이익에 어떻게 기여하는지 생각하면서 일합니다. 그래서 일을 단순히 열심히 하는 것에 그치지 않고 비전과 수익에 얼마나 기여할 수 있는지 알고 움직입니다. 또 그에 맞는 성과를 더 잘 내기 위해서 자신이 어떤 노력을 해야 할지 생각하고 움직입니다. 그리고 그것에 몰입하죠.
결과적으로는 열심히 한 일이 회사에 이익을 가져다주었는지, 아니면 그다지 영향을 미치지 못했는지도 객관적인 판단이 가능해집니다.

직장에 다니면서
아래와 같은 생각을 해 본 적이 있는가?
한 번이라도 있다면 당신은
프로직장인이 될 준비를 마친 것이다!

> 지금 하는 일의 매출과 영업이익을
> 2배로 올리려면 어떻게 해야 할까?

> 일을 하는 데 걸리는 시간을
> 지금의 절반으로 줄이기 위해
> 더 좋은 방법은 없을까?

> 지금 하고 있는 일보다
> 2배 더 가치가 있는 일은 무엇이고
> 그것을 하기에 나는 무엇이
> 부족할까?

> 회사에서 성과를 내고 비전에 맞게
> 큰 수익을 올리며 높은 연봉을 받는
> 사람들은 어떻게 일하고 있을까?

이렇게 한다고 다 성공하는 것은 아니지만 실패와 성공을 반복하면서 결국 더 좋은 결과물을 가져오는 직장인이 되기 때문에 연봉과 대우 또한 수직으로 상승하게 됩니다. 한 사무실 안에서 똑같이 일하는 것처럼 보이지만 생각과 행동이 전혀 다른 차원인 것이지요.

저도 직장에 들어와서는 29살 막내인턴이었지만 일을 잘하고 싶었어요. 스스로가 목표하는 미래에 대한 건강한 욕심으로 지금부터 해야 할 것들이 많다고 생각했죠. 그래서 회사 근처로 집을 옮겨서 1시간 반은 걸렸던 출퇴근 시간을 걸어서 5분 거리로 줄였어요. 그리고 점심때마다 상사에게 일하면서 궁금한 것들을 질문하고 더 잘할 수 있는 방법을 배워 일에 적용했습니다. 단순한 인턴이 아니라 CEO 마인드로 일하기 시작한 것이죠.

기록의 의미

몇 번을 강조해도 지나치지 않은 것이 바로, 일하는 경험을 그냥 흘려보내지 않고 블로그나 SNS, 카페 등에 꾸준히 사진과 글로 기록하면 개인의 브랜딩과 수입, 성장에 긍정적인 영향을 미친다는 사실입니다. 프로직장인은 직장생활을 하면서 겪는 사소한 경험들을 그냥 놔두지 않습니다. 치열하게 디지털상에 기록하여 자신을 알리며 해당 분야에서 개인 브랜드를 구축합니다. 또 월급 외에 인세, 강연료, 원고료 등으로 제2의, 제3의 월급을 만들어냅니다. 퇴직 후 회사라는 타이틀이 없어져도 개인 브랜드는 없어지지 않기 때문에 1인 기업 활동을 할 수도 있고 건강하다면 일을 이어갈 수 있어요.

회사를 운영하는 경영자 입장에서는 이 같은 인재를 찾기 힘들 뿐더러 만약 있다면 회사를 위해서라도 크게 지원해 주고 대우할 것입니다. 꼬박꼬박 주어지는 월급만을 생각할 것이 아니라 받는 급여보다 더 큰 수익을 창출할 수 있는 직장인이 좀 더 좋은 대우를 받는 것은 당연하다 하겠습니다.

책 너머의
세상을 보다

이제 책을 보는 데에 그치는 것이 아니라 떠오른 아이디어를 적고 행동하는 이야기를 제가 운영하는 커뮤니티에 공유해 주세요. 이 커뮤니티의 이름은 '두개의핸들'입니다. 혼자 꿈을 헤쳐 나가는 것이 힘들 때 도움이 될 만한 정보들을 다루고 있고, 전국에 있는 자신만의 또 다른 길을 걷는 사람들을 만날 수 있죠. 나 혼자 또 다른 길을 걷는 것이 아니라는 걸 깨닫고 서로 긍정적인 에너지를 주고받을 수 있는 커뮤니티입니다, 취업과 전문화

교육에 필요한 다양한 특강과 교육프로그램을 운영하기도 해요.

우리는 이상을 꿈꾸지만 그것을 현실화하기는 쉽지 않을 때가 많아요. 이 카페에서는 이상을 현실화하는 방법과 노하우들을 공유합니다. 지금은 글로만 만나고 있지만 곧 현실에서 여러분을 마주할 수 있는 순간을 기대할게요.

집에서 돈을 버는
1인 마케터로 사는 법

마케팅력으로
삶을 선택하자

앞에서부터 꾸준히 언급한 마케팅력을 키우면 어떤 점이 좋을까요? 마케팅을 잘할 줄 알면 삶의 방식을 스스로 정할 수 있어요. 보통의 직장인들이 은퇴할 때도 능력을 인정받고 직장에 계속 다닐 수도 있으며 회사를 나와서 1인 기업이나 스타트업을 창업하기도 합니다. 온라인마케터라면 시간과 공간에 구애받지 않고 노트북을 펴고 일할 수 있어요. 스타벅스로 출근해서 업무를 할 수도 있다는 거죠.

마케터들이 삶의 방식을 선택하는 데 어느 정도 자유성을 가질 수 있는 이유는 한 가지입니다. 개인과 기업 모두 효과적으로 잘 팔아야 살아남을 수 있는데, 마케팅을 잘하는 사람들은 잘 팔 수 있기 때문이에요. 그래서 어떤 일을 선택하더라도 마케팅 전문성과 노하우가 없는 사람들보다 2~3배 매출과 영업이익을 냅니다. 큰돈을 들여서 창업할 필요도 없죠. 육아에 충실하기 위해 퇴직해도 재택으로 일을 이어가기도 합니다. 일정 수준 이상의 탁월함이 생기면 출퇴근 없이도 일할 수 있기 때문에 경력단절도 줄일 수 있어요.

꾸준히 직장에 다닌다면 추가적인 온라인 활동을 통해 자신의 업무를 세상에 알리면서 관심을 끌고 책을 출간할 수 있습니다. 자신의 마케팅력을 활

마케팅력의 힘

언제, 어디서든
일할 수 있다

제품과 서비스를
잘 팔 수 있다

삶을 주체적으로 선택한다

용하여 이 책을 베스트셀러로 만들 수도 있죠. 그러면서 제2의 월급을 만들어냅니다. 노트북 하나와 스마트폰을 가지고 여행을 다니며 일하기도 하고요. 마케팅 전문가는 활동하는 분야의 선택이 자유로울 뿐만 아니라 새로운 진로를 선택하더라도 먹고살 수 있다는 겁니다. 제대로 된 마케팅 능력 하나로 말이죠.

여기에서는 강한 마케팅력을 바탕으로 취할 수 있는 삶의 모습을 몇 가지 살펴보도록 하겠습니다.

또 다른 월급을 받는 직장인

마케팅 전문가들은 광고대행사에서 업무를 하거나 고객사들의 마케팅 업무를 담당하면서 그 안에서 했던 업무의 노하우들을 정리해서 SNS 및 온라인 채널로 대중에게 전달해요. 그리고 그 내용을 책으로 쓰기도 합니다. 책을 쓰고 나서는 인세, 강연료, 원고료, 기타 사업적인 기회로 제2를 넘어 제3의 월급을 만듭니다. 몸담고 있는 회사의 비전과 맞게 업무를 하다 보니 성과를 인정받고 연봉도 기하급수적으로 올라갑니다.

은퇴를 하고 싶어도 이런 인재는 중소기업이나 대기업 모두 원합니다. 회사의 브랜드를 띄우기 위해서는 큰 마케팅 비용이 들어가는데 구성원 한 명의 존재 자체만으로 추가 비용 없이 회사를 브랜딩시킬 수 있거든요. 이렇게 브랜딩된 개인이 모인 회사는 큰 비용 없이 브랜딩 효과를 가져가게 됩니다. 회사도 좋고 개인도 좋은 일이죠.

경쟁력 있는 1인 기업가

온라인마케터들은 회사를 다닐 때부터 전문성과 마케팅력으로 브랜딩과 사업적인 네트워크를 쌓을 수 있습니다. 퇴직이나 은퇴 후에 1인 기업으로 활동할 수 있는 바탕이 마련되어 있는 거죠. 고정적인 급여가 없는 대신 스스로 만들어내는 사업적 가치에 따라 수익을 올리게 됩니다.

직장에서의 경험이 단절되지 않기 때문에 하고 싶고 할 수 있을 때까지 일을 할 수 있습니다. 육아에 전념하기 위해서 퇴직하는 경우에도 재택근무로 수입을 창출합니다. 회사에 고정적으로 출근하지 않아도 되기 때문에 시간을 낭비하지 않고 에너지 소비가 줄어듭니다. 공간으로도 자유롭죠. 학교교육을 통해서는 접하기 힘든 사례지만 유튜브 등을 보면 우리나라에도 1인 기업으로 활발히 활동하며 수익을 만드는 전문가들이 많습니다.

소자본 창업으로 부담 없이 돈 벌기

우리나라는 자영업 공화국입니다. 은퇴 후에 대부분 치킨집, 카페, 편의점 등 여러 가지 프랜차이즈를 통해 창업을 하곤 합니다. 한 번 창업하는 데 억 단위의 비용이 필요하고 5년 내 생존율은 너무나 낮습니다. 하지만 온라인마케팅 경험을 잘 쌓는다면 1,000만 원 전후 혹은 아예 초기 창업자금 없이도 지식 콘텐츠나 소자본 쇼핑몰 창업을 할 수 있습니다.

제가 정글엠앤씨에서 진행한 창업은 온라인마케팅력을 바탕으로 한 쇼핑몰 창업이었어요. 현재 반려동물 건강브랜드인 '정글몬스터'를 운영하고 있는데, 5,000만원이 안 되는 자본금으로 월 2억 원의 매출을 내고 있습니다. 트렌드에 맞는 빠른 제품개발 속도와 마케팅력 그리고 뛰어난 제품으로 시장에서 인정받아 해외 진출까지 성공했죠. 이밖에도 패션, 화장품, 잡화, 식품 분야에서 소자본으로 투자와 창업을 하면서 돈을 법니다.

저는 매주 화요일마다 쇼핑몰사업자 혹은 소자본창업을 고려하시는 분들을 위해 제품 제조 → 홈페이지 구축 → 마케팅 → 제휴·유통까지 한 번에 진행하는 사업자 모임을 진행합니다. 여기에서 유통을 총괄하는 모 대표님은 직장을 다니다가 소자본으로 창업을 했어요. 카카오스토리 채널을 통해 30~40대 엄마들이 구매할 만한 제품을 선보이고 공동구매 형태로 파격적인 서비스를 했던 거죠. 그렇게 맨손으로 시작해서 지금은 여러 명의 직원을 둔 기업의 대표가 되었습니다.

지인 중에 음악을 작곡하는 프로듀서가 있습니다. 저에게 고민을 상담할 때는 전 재산이 6만 원이라고 할 정도로 경제적 어려움을 겪고 있었는데, 제가 가진 온라인마케팅 노하우를 공유하고 컨설팅해 주었더니 6개월 만에 월 500~1,000만 원의 수익을 올리며 음악을 할 수 있게 되었습니다.

'토랭이'라는 유튜브 크리에이터가 있어요. 유튜브를 하기 전에는 회사를 다니는 평범한 직장인이었는데, 유튜브를 하는 방법에 대해 가이드해 주었더니 1년 만에 구독자 수가 1만 명에서 10만 명으로 늘어났어요. 그에 따라 다양한 사업적인 기회도 잡을 수 있었죠.

이렇듯 온라인마케팅을 잘하면 다양한 형태로 돈을 벌 수 있습니다.

내일이 없었던
인생루저

누군가 여러분의 또 다른 길을 부정한다면 그 사람에게 저를 소개해 주세요. 저는 '내일'이 없었던, 그야말로 인생루저였습니다. 안정적인 공무원의 길에서 중도탈락한 백수였습니다. 내 인생은 뭔가 잘못되어 있고 많이 늦었다고 생각했어요. 스스로 무엇을 좋아하는지 몰랐고 어떤 일을 하면서 살아야 할지 몰랐죠. 경제적으로도 부족하고 되는 일이 없었어요.

하지만 지금은 연 매출 50억 원 이상의 광고대행사의 임원이자 1년에 10억 원이 넘는 매출을 올리는 쇼핑몰 브랜드를 직접 운영하기도 합니다. 마케팅을 전공하지 않았지만 소상공인부터 1인 기업, 중소기업, 대기업까지 컨설팅하고 마케팅을 대행해서 매출을 상승시키는 일을 합니다. 서울·경기권에 있는 명문 대학의 마케팅 관련 학과 학생들에게 마케팅 이론과 실무에 대해 교육하고, 취업을 준비하는 친구들에게 영감을 주기도 하죠. 삶적으로, 경제적으로 풍요로운 삶을 살고 있고 매일매일 주변 사람들과 같이 성장하고 있습니다.

10년 전 저와 비슷한 고민으로 하루하루 힘겹게 살아가는 분들께 또 다른 길을 안내하고 싶습니다.

이 책을 읽은 이들이 꼭 알았으면 하는 것

비록 그 과정이 힘들 수 있지만

우리나라에도 학벌과 스펙에 상관없이

자신이 원하는 일을 하는 사람이 있다.

대학을 나오는 것도 중요하지만

좋은 학벌이 없어도 자신이 원하는

분야에서 일하며 살 수 있다.

절실한 마음으로 열심히 노력한다면

길이 있다.

실패한 인생이라고 하기에는 아직 너무 젊은

당신의 또 다른 길을 응원하며.

저는 이 책을 통해 정해진 길에서 실패하더라도 또 다른 길에 기회가 있다는 것을 이야기하고 싶었어요. 책을 읽고 끝내지 말고 커뮤니티에 접속해서 다양한 자료를 접해 보고, 특강에도 참여해서 실질적으로 삶을 변화시켜 보기 바랍니다.

공기업, 대기업에 입사하는 것도 좋고, 공무원이 되면 안정적인 삶을 살 수도 있겠죠. 하지만 그 길을 가는 데 실패했다고 인생이 끝난 것처럼 고통받고 힘들어하지 않았으면 합니다.

절망을 느끼는 분들께 제가 또 다른 길을 안내하는 작은 역할을 할 수 있게 되기를 바랍니다. 여러분의 이야기를 들려주세요. 저를 만나러 오세요. 저는 여러분의 또 다른 길을 응원하며 기다리고 있겠습니다.

이 책을 읽은 당신에게
작은 기적이 찾아오기를

또 다른 길을 선택하고 걸어가기에는, 당장 아무것도 이룬 것이 없는 현실이 감당하기 벅찰 수 있습니다. 하지만 불가능한 일은 아닙니다. 다른 사람이 보기에는 하찮아 보이는 노력이 매일 쌓이면 작은 성공을 이룰 수 있고 이 성공들이 꿈을 이루게 합니다.

'성공'의 눈높이를 너무 높게 잡을 필요는 없어요. 하루의 삶을 변화시키는 작은 성공들은 곳곳에 있습니다. 평소 잘 먹지 않던 아침밥을 먹거나 아르바이트를 알아보는 것도 일상 속의 '작은 성공'입니다. 거울을 보면서 활짝 웃으며 하루를 시작하는 것도 포함되죠. 자주 가지 않던 서점에 가서 나만의 또 다른 길을 찾기 위해 여러 권의 책을 읽어볼 수도 있어요.
또 다른 길은 '작은 변화'와 '작은 성공'으로 시작합니다. 그렇게 하루가 변화하기 시작하면 일주일이 지나고, 1년이 지나고, 몇 년이 그렇게 지나면서 성장하게 됩니다. 또 다른 길에서는 작은 성공들이 매일, 또 오랫동안 모여야 꿈을 이룰 수 있습니다.

삶을 실제로 바꾸기 위해서는 제대로 된 방향을 설정하고 치열하게 노력해야 합니다. 저는 '온라인마케팅'이라는 꿈을 찾기 위해 제가 할 수 있는 모든 방법을 동원했고, 꿈을 찾은 뒤에는 평일, 주말 없이 노력했습니다. 일에 몰입하기 위해 이사까지 감행했죠. 쉬는 날에도 몸은 쉬지만 머릿속으로는 계속 꿈과 일에 대한 생각을 했어요. 힘들고 고통스러웠지만, 제가 스스로 선택한 또 다른 길이었기에 감사하고 행복했습니다. 인고의 시간들이 쌓이니 그에 따른 혜택도 얻을 수 있었죠.

또 다른 길을 선택하고 성공하려면 개인의 치열한 노력과 주변의 도움이 있어야 합니다. 중요한 건 혼자서는 절대로 모든 것을 이룰 수 없다는 것입니다. 제가 책이나 유튜브를 접할 수 없는 시대에 태어났다면 또 다른 길에 대한 정보를 얻을 수 없었을 거예요. 그리고 개인 프리랜서로 일할 때 온라인마케팅을 가르쳐 준 선생님들이 없었다면 마케팅에 대한 관심이 떨어지거나 아예 없어졌을 수도 있어요. 또 제 잠재력을 알아봐 주고 성공과 실패를 경험할 수 있게 해 준 지금의 회사가 없었다면 다시 백수가 되었을 수도 있겠죠.

일하는 과정에서 주고받은 많은 명함의 개수만큼 제게 가르침과 경험을 제공해 주신 다양한 분야의 마케팅 담당자 분들과 CEO 분들의 도움도 컸습니다. 첫 책을 내도록 도와준 황금부엉이 관계자 분들도 제 꿈을 응원해 주는 분들이세요. 건강한 신체를 바탕으로 노력하는 사람이 될 수 있도록 키워 주신 부모님께도 감사합니다.

이렇듯 모든 일은 절대 혼자서는 이룰 수 없었어요. 저와 사업자 모임을 같이 하는 최고의 온라인 유통회사 페리시움 김기태 대표님의 말씀처럼 서로의 관계가 맞물려 톱니바퀴처럼 돌아가면서 도움을 주고받으며 그렇게 가야 합니다. 그래야 이 험난한 또 다른 길을 오래 갈 수 있고, 꿈과 목표를 이룰 수 있습니다. 제가 다양한 방법으로 기회를 얻을 수 있었던 것처럼 이 책이 또 다른 길에서 기회를 찾는 계기가 되었으면 합니다.

정해진 길에서의 실패로 좌절을 맛본 여러분에게 달콤하고 추상적인 '잘될 거야' 식의 위로나 힘내라는 말만 하고 싶지는 않습니다. 또 다른 길을 찾고 걷는다는 것은 행복한 일이지만 많이 힘들기도 하거든요. 제게도 하늘마저 노랗게 보이고 눈물밖에 나지 않던 힘들고 지친 시기가 있었습니다. 그런데 이제는 푸른 하늘 아래 에너지 넘치게 하루하루 꿈을 갖고 노력하고 있어요. 책 읽기를 그렇게도 싫어했는데 작가의 꿈을 꾸면서 매주 서점을 찾고 있습니다.

지금부터 자신만의 또 다른 길을 걸을 용기를 내보세요. 주변 사람들에게도 '또 다른 길 찾기'를 추천해 보세요. 책을 읽고 어떤 결심을 했는지, 어떤 변화가 있었는지, 궁금한 것은 무엇인지, 제가 운영하는 네이버카페 '두개의 핸들'에 여러분의 이야기를 들려주세요. 이 카페는 또 다른 길에 대해 궁금하고 대화가 필요한 분들에게 활짝 열려 있습니다. 혼자 또 다른 길을 걷기 힘들다면 다양한 모임, 강연, 세미나, 교육프로그램을 통해 차근차근 준비해 봅시다. 그동안 저는 또 다른 길에서 작은 성공과 기적을 계속 만들며 여러분을 응원할 새로운 이야기를 준비하고 있겠습니다.

챌린지노마드

2020년 4월 29일 초판 1쇄 인쇄
2020년 5월 6일 초판 1쇄 발행

지은이 | 신재환
펴낸이 | 이종춘
펴낸곳 | ㈜첨단

주소 | 서울시 마포구 양화로 127 (서교동) 첨단빌딩 3층
전화 | 02-338-9151
팩스 | 02-338-9155
인터넷 홈페이지 | www.goldenowl.co.kr
출판등록 | 2000년 2월 15일 제 2000-000035호

본부장 | 홍종훈
편집 | 이소현
본문 디자인 | 윤선미
전략마케팅 | 구본철, 차정욱, 나진호, 이동후, 강호묵
제작 | 김유석
경영지원 | 윤정희, 이금선, 이사라, 정유호

ISBN 978-89-6030-551-9 13320

BM **황금부엉이**는 ㈜첨단의 단행본 출판 브랜드입니다.

• 값은 뒤표지에 있습니다.
• 잘못된 책은 구입하신 서점에서 바꾸어 드립니다.
• 이 책은 신저작권법에 의거해 한국 내에서 보호를 받는 저작물이므로 무단 전재 및 복제를 금합니다.

• 본문의 * 표시된 부분은 브라이언 트레이시의 유튜브 강연을 발췌, 번역한 것입니다.

황금부엉이에서 출간하고 싶은 원고가 있으신가요? 생각해보신 책의 제목(가제), 내용에 대한 소개, 간단한 지기소개, 연락처를 book@goldenowl.co.kr 메일로 보내주세요. 집필하신 원고가 있다면 원고의 일부 또는 전체를 함께 보내주시면 더욱 좋습니다.
책의 집필이 아닌 기획안을 제안해주셔도 좋습니다. 보내주신 분이 저 자신이라는 마음으로 정성을 다해 검토하겠습니다.